GUÍA DE SUPERVIVENCIA PARA PADRES SOLTEROS

Cómo Conocer Nuevas Personas y Navegar
la Vida con Éxito Siendo Padre Soltero

FRASQUITO CARA

© Copyright 2022 – Fresquito Cara - Todos los derechos reservados.

Este documento está orientado a proporcionar información exacta y confiable con respecto al tema tratado. La publicación se vende con la idea de que el editor no tiene la obligación de prestar servicios oficialmente autorizados o de otro modo calificados. Si es necesario un consejo legal o profesional, se debe consultar con un individuo practicado en la profesión.

- Tomado de una Declaración de Principios que fue aceptada y aprobada por unanimidad por un Comité del Colegio de Abogados de Estados Unidos y un Comité de Editores y Asociaciones.

De ninguna manera es legal reproducir, duplicar o transmitir cualquier parte de este documento en forma electrónica o impresa.

La grabación de esta publicación está estrictamente prohibida y no se permite el almacenamiento de este documento a menos que cuente con el permiso por escrito del editor. Todos los derechos reservados.

La información provista en este documento es considerada veraz y coherente, en el sentido de que cualquier responsabilidad, en términos de falta de atención o de otro tipo, por el uso o abuso de cualquier política, proceso o dirección contenida en el mismo, es responsabilidad absoluta y exclusiva del lector receptor. Bajo ninguna circunstancia se responsabilizará legalmente al editor por cualquier reparación, daño o pérdida monetaria como consecuencia de la información contenida en este documento, ya sea directa o indirectamente.

Los autores respectivos poseen todos los derechos de autor que no pertenecen al editor.

La información contenida en este documento se ofrece únicamente con fines informativos, y es universal como tal. La presentación de la información se realiza sin contrato y sin ningún tipo de garantía endosada.

El uso de marcas comerciales en este documento carece de consentimiento, y la publicación de la marca comercial no tiene ni el permiso ni el respaldo del propietario de la misma.

Todas las marcas comerciales dentro de este libro se usan solo para fines de aclaración y pertenecen a sus propietarios, quienes no están relacionados con este documento.

Índice

Introducción	vii
1. Aterrizar de pie y aprender a avanzar	1
2. Abrazar la intimidad: Los padres de verdad desarrollan sus relaciones	43
3. Usted y su hija	73
4. Usted y su hijo	97
5. Un padre es un padre	133
6. No se trata de lo que se discute, sino de cómo se discute	139
Conclusiones	161

Introducción

Aunque hay muchos malos padres, probablemente usted no sea uno de ellos. Los malos padres no estarían interesados en un libro como esto. A todos los efectos, se han rendido, convencidos de que nunca van a estar a la altura como padres. O puede que simplemente no les interese ser padres.

En mi consulta he trabajado y he oído hablar de padres morosos, padres físicamente abusivos y padres alcohólicos y drogadictos. Estos hombres han huido de las responsabilidades de ser padre, y el efecto en sus hijos es devastador, pero es especialmente dañino para sus hijos. Como destacaré a lo largo de este libro, los padres tienen un papel fundamental en el desarrollo emocional, psicológico y espiritual de sus hijos, un papel que ninguna madre -por muy comprometida y cariñosa que sea- puede desempeñar.

Introducción

Sin embargo, tienes algo en común con los malos padres.

Tú, como ellos, eres un hijo. Tú, como ellos, tuviste un padre que cometió errores. Tal vez tu padre no fue tan malo como el de ellos. Tal vez no te golpeó ni abusó sexualmente de ti. Tal vez no abandonó a la familia. Tal vez en algunos aspectos fue un buen padre. Pero cometió errores como padre que afectan a la forma de criar a tu hijo. Tanto si fue verbalmente abusivo, como si se ausentó con frecuencia o se desentendió emocionalmente, creó una herida que no se ha curado. Aunque usted no sea consciente de ello, esta herida hace que usted actúe con su hijo de forma contraproducente.

Otro problema es que nunca te han enseñado a ser padre.

Lo más probable es que tu propio padre no te haya proporcionado el modelo perfecto y, de hecho, puede haber perpetuado ciertos mitos sobre la paternidad. Una de las ideas erróneas más comunes tiene que ver con la actitud machista hacia la crianza de los niños. Muchos padres se abstienen de mostrar muchas emociones -con la posible excepción de la ira- hacia sus hijos. Adoptan una postura emocionalmente fría con la teoría de que no quieren mimar a sus hijos y dejarlos sin preparación para el mundo real. El problema, por supuesto, es que no logran establecer un vínculo emocional con sus hijos, perjudicando tanto la relación como la capacidad de sus hijos para expresar sus propias emociones.

1

Aterrizar de pie y aprender a avanzar

Mi esposa me dejó un sábado por la tarde.

Tres de nuestros hijos estaban en casa de un amigo para nadar y hacer una barbacoa; mi mujer estaba con nuestro hijo menor. Llegó a la casa de la amiga, dejó al niño y se fue para empezar de nuevo en otra ciudad a kilómetros de distancia.

Yo sabía que había problemas, pero ahora sabía con certeza que todo había terminado. Nuestro matrimonio, nuestra familia, todo por lo que habíamos trabajado.

Al día siguiente tenía que organizar una fiesta para el reparto y el equipo de una obra que había dirigido en el teatro de la ópera local. A las seis de la tarde iban a venir decenas de personas.

¿Era esto una broma? Mi mujer me acaba de dejar, ¿y se supone que tengo que hacer una fiesta?

Atrapado con la guardia baja

La paternidad en solitario suele pillarnos completamente desprevenidos, sin importar cuántos meses (o incluso años) lo hayamos visto venir.

Digo "encontrarnos divorciados" porque para los que estamos comprometidos con la institución del matrimonio, nunca pensamos en el divorcio como una fiesta. Y, sin embargo, nos despertamos un día y descubrimos que se ha producido. Pero hasta el momento en que se firman todos los papeles del divorcio y se dicta la sentencia, vivimos con la esperanza de que ocurra algo que cambie las tornas y repare nuestro matrimonio. Ahora esa esperanza ha muerto.

Recuerdo que un amigo me dijo que, incluso durante la batalla judicial por la custodia de sus hijos, creía que su mujer se daría cuenta de repente de que eso era un error para su familia. Creía que se reconciliarían allí mismo, en la sala del tribunal, y se alejarían para reparar su relación y vivir felices para siempre.

Sé lo que está diciendo. A pesar de que mi propio matrimonio había estado en problemas durante un tiempo, seguí esperando un milagro. Había rezado con todo mi corazón, creyendo que Dios honraría mis peticiones de que mantuviera mi familia intacta. No podía creer que Dios permitiera que mi matrimonio fracasara cuando yo estaba tan dispuesta a hacer lo que fuera necesario para que funcionara. Pero las cosas se desmoronaron de todos modos.

Meses después recibí una llamada de mi abogado y fui a recoger el decreto final. Me quedé atónita. La esperanza finalmente murió.

Junto con la muerte de la esperanza vienen la ira, el dolor y la pena. Usted conoce los sentimientos. Tal vez comenzamos el proceso de duelo hace mucho tiempo, antes de que se iniciara el proceso legal oficial. Pero hasta que se convirtió en algo definitivo, al menos teníamos la posición de repliegue de la negación.

. . .

Aunque todo se estaba desmoronando, podíamos seguir fingiendo de alguna manera que no se estaba desmoronando. Podíamos aferrarnos a la débil esperanza de que algo sucedería para cambiar las cosas. Pero el divorcio ocurrió de todos modos. Sucede todos los días, incluso a la gente buena.

Mi matrimonio se estaba acabando desde hacía tiempo. Pero no fue hasta ese sábado por la tarde, cuando mi mujer dejó a nuestro hijo menor y se marchó en una furgoneta cargada hasta los topes, cuando realmente me afectó.

Ninguna advertencia previa podría haberme preparado para las emociones devastadoras. De repente me encontré solo con cuatro hijos que criar.

Durante dieciséis años he creído en el voto solemne y vitalicio que mi mujer y yo hicimos el día de nuestra boda.

Los dos tuvimos nuestros problemas y cometimos errores.

. . .

Sin embargo, creía que podríamos superar cualquier cosa.

Me equivoqué. La ira nos derrotó.

Estaba enfadado por problemas de la infancia que seguían resurgiendo. Mi mujer estaba enfadada conmigo por no satisfacer sus necesidades. Se suponía que yo debía ser su protector, pero la ira me había convertido en un enemigo.

Ninguno de los dos llevó su ira a Dios para que la sanara.
En lugar de eso, actuamos con nuestra ira de manera hiriente, lo cual destruyó nuestro matrimonio. Éramos capaces de infligir dolor a través de la ira y de muchas otras maneras.

Violamos la confianza que habíamos depositado el uno en el otro hasta el punto de que los votos solemnes se rompieron irremediablemente.

Mi mujer y yo habíamos dejado de hablarnos, salvo por breves llamadas telefónicas, varios meses antes. Ella se había mudado a un apartamento mientras intentábamos solucionar las cosas.

Intentamos recurrir a la terapia (tres consejeros diferentes) y a los psicólogos, pero nuestra confianza y comunicación estaban tan mermadas que no había lugar para sentar nuevas bases sobre las que construir. Los intentos de acercarnos en la intimidad trajeron más ira y dolor. Había miedo a la manipulación. Por cada paso que dábamos para intentar sanar nuestro matrimonio, parecía que dábamos dos pasos atrás. Sentíamos que estábamos encerrados en nuestro dolor, sin posibilidad de escapar del sufrimiento.

Después de meses de asesoramiento, peleas, calentamiento y luego congelación de nuevo, nuestro matrimonio se derrumbó.

Mi mujer sintió que necesitaba distancia, así que se mudó a otra ciudad para empezar de nuevo y tratar de encontrar su vida de nuevo. Dejó a los niños conmigo, pensando que esto les haría menos daño que si los desarraigaba y perturbaba aún más sus vidas.

La agitación emocional me hizo perder la cabeza. Me sentí derrotado, olvidado, abandonado por mi mujer, mi Dios y mi mundo. Fue un día después de que ella se fuera, y yo estaba destrozado.

¿Cómo iba a organizar una fiesta?

Ajuste a la nueva realidad

Aquella mañana me desperté entumecida. Pero el mundo seguía girando sin preocuparse en absoluto por mis problemas. Necesitaba conseguir suministros para la fiesta del reparto, pero no podía concentrarme. Tengo una voluntad fuerte, pero no podía obligar a mi mente a alejarse del dolor.

Fue entonces cuando empecé a aprender un principio que me ayudó a salir adelante: no tenía que afrontar la vida completamente sola. En este caso, una amiga se ofreció a ayudarme a comprar comida y suministros para la fiesta. Empujé el carrito aturdido mientras mi amiga seleccionaba los artículos necesarios para esa noche.

Sentí que tenía que asegurarme de que la fiesta fuera un éxito, tanto como parte de mi trabajo como director de teatro como por mi propio bien. Era necesario para mi propia imagen y para que mis jefes supieran que todavía podía hacer el trabajo. Mi amiga me ayudó a preparar la casa y a poner las mesas, y fue una anfitriona silenciosa para mí. Sólo estaba allí de cuerpo y con una falsa sonrisa. Su sencillo acto de amistad me ha dejado en deuda para siempre con esta amiga tan cariñosa y generosa.

Cuando mi mujer se marchó, y más tarde cuando el divorcio se hizo definitivo, mi vida podría haberse descontrolado fácilmente. No podía escapar al implacable impulso de reaccionar ante mi dolor castigando a mi mujer, gritando al cielo que aquello era el epítome de la injusticia, haciendo un agujero en la pared. Sentí que tenía que hacer algo para liberarme de la rabia y el dolor reprimidos. Pero en lugar de eso, luché por mantener el control.

Luego estaba la tentación de adormecer el dolor con mujeres, comida, alcohol y salir hasta tarde con los amigos.

Sentía la urgencia de demostrarme a mí mismo y a los demás que seguía siendo el hombre que solía ser.
    Quería demostrar que era deseable y que no era una mala persona.

. . .

Mi amigo Rick, que comparte la custodia de sus hijos con su ex, se enfrentó a la misma lucha. "Al principio había mucha rabia, mucho odio", dice. "Luego hubo abuso de alcohol.

Luego me di cuenta de que necesitaba compensar la pérdida de ingresos, así que encontré más trabajo.

Empecé a trabajar de dieciocho a veinte horas al día, cinco y seis días a la semana. Cualquier cosa para no pensar en mis problemas".

Como hombre divorciado, estás librando una batalla contra el deseo de alejarte de la realidad, llenar el vacío en tu vida y demostrar que sigues siendo atractivo. Este ciclo puede ser abrumador y hacer que una situación terrible sea aún peor.

No puedes hacer que alguien te quiera, así que no te obsesiones con tu ex. Y no recurras a "soluciones" inapropiadas. Las drogas y el alcohol son escapes temporales que te destruirán. Las mujeres más jóvenes están disponibles y a menudo buscan un hombre que parezca ofrecer estabilidad.

. . .

Ya conoces el dolor del rechazo; no te crees otra víctima.

Las relaciones sexuales promiscuas pueden conducir a una enfermedad de transmisión sexual o a un embarazo no deseado. Y trae cualquier cantidad de consecuencias espirituales y emocionales. Además, Dios prohíbe la embriaguez y el sexo extramatrimonial. Así que hazte un favor y mantén estos impulsos bajo control. Y mientras lo haces, reconoce que trabajar más horas no curará el dolor. Incluso si te conviertes en el mayor productor de ventas en tu territorio, al final del día sigues siendo un padre soltero dolido.

No lo digo a la ligera, pero esto es lo que tienes que hacer: Ser un hombre y enfrentar los hechos. El día de mañana llegará, y con él llegarán tus responsabilidades. Tus hijos necesitan tu fuerza, y necesitan que les prestes la ayuda práctica que la vida exige. Cuando se quedan contigo, tienen que ir al colegio. Hay que lavarles la ropa. Hay que preparar las comidas. Y tus hijos tienen necesidades personales a múltiples niveles que hay que satisfacer. Tienes que seguir adelante.

Sobrevivirás. Y lo harás bien, no perfectamente, pero bien.

. . .

Empezar una nueva vida

El divorcio es mucho más que la separación de dos personas. Tenía planes para mi familia que se extendían durante los siguientes cuarenta años. De repente, me separé de mi mujer, de su familia, de sus amigos, de los míos, de mi estilo de vida y de mi futuro. No se divorcia una persona; se pierde una vida.

El divorcio es difícil en cualquier circunstancia. Pero en cierto modo es aún más difícil cuando se afronta con honestidad. Al principio, enfrentarse a las cosas de frente aumenta el dolor, pero cuanto más abierto y honesto puedas ser desde el principio, más rápida y segura será la curación. Aquí tienes tres claves para seguir adelante con tu vida:

1. Concéntrate en lo que hay que hacer hoy. Luego, sigue adelante y haz esas cosas.

2. Aférrate a la verdad de que la vida continúa y empezarás a sanar. Tus hijos cuentan contigo. Debes caer de pie.

3. Confía en que Dios te ayudará, incluso te llevará, en cada paso del camino.

. . .

En los treinta años que llevo practicando karate, he aprendido que puedo aguantar una barbaridad de golpes.

He participado en asaltos en los que me han sorprendido en la cara con una patada que me ha enviado a la lona. A veces ves venir el golpe, a veces no. En cualquier caso, no hay forma de prepararse. ¡Pum! El golpe cae y tu cabeza se nubla. Tu visión se estrecha. Intentas sacudirte el borrón y seguir luchando. Te alejas de tu oponente y le haces creer que no estás herido. Es una lucha por sobrevivir. Llegar al final del asalto sin ser destruido es lo único que importa. Te concentras en el momento porque el combate continúa. Sabes que el asalto terminará, que el dolor desaparecerá y que sobrevivirás para volver a luchar.

En una pelea, gran parte de esto ocurre instintivamente y a la velocidad del rayo. En la vida, hay demasiado tiempo para pensar las cosas. Esto es especialmente cierto cuando las cosas van mal. Nos cuestionamos nuestras palabras y decisiones. Analizamos lo sucedido y pensamos en todo tipo de escenarios alternativos que podrían haber conducido a un resultado positivo. Cuando te encuentres en ese camino, frena.

. . .

La culpa es inútil. No la aceptes y no la entregues. Evaluar la culpa es innecesario y no ayuda a que tú y tus hijos sanen.

Un matrimonio fracasado es culpa de todos y de nadie. Se cometen errores.

La gente tiene problemas. El divorcio ocurre.

Como padres solteros, tenemos que estar al tanto de las cosas, como cuidar de nuestros hijos. Nunca he conocido a un padre soltero que no ame a sus hijos más que a la vida misma. Estamos en una lucha, una lucha por algo mucho más grande que un cinturón negro en artes marciales.

Estamos metidos hasta el cuello en una lucha por recuperar la integridad de nuestras familias.

Lucho a diario para proteger, nutrir y guiar a mis cuatro hijos: Jennifer Noel: ingeniosa, encantadora, enérgica; Ian Michael: diez mil comediantes sin trabajo y tenemos a Ian, que también es atlético, inteligente, poseedor de una penetrante percepción sobre la vida; luego está Melissa

Sarah: músico, bailarina, actriz, una hermosa y tierna mujer en ciernes; y, por último, Nicolas Fyodor: su padre en microcosmos, que el cielo le ayude. Estos son los beneficiarios de la dura lucha, la lucha por mantenerse en la cima. Queremos lo mejor para nuestros hijos. Por eso luchamos hoy y volvemos a luchar mañana y pasado mañana.

Aterrizar con los pies en la tierra

Esta es la verdad: es muy poco lo que podemos controlar.

No podemos obligar a un cónyuge a amarnos, a aguantar con nosotros o dar una oportunidad más al matrimonio. Es cierto que podemos controlarnos a nosotros mismos, pero no podemos volver atrás y reescribir la historia. Nos equivocamos. Pecamos contra nuestras exmujeres, que a su vez pecaron contra nosotros. Ambos nos equivocamos, y si tuviéramos algo de humildad, confesaríamos nuestros pecados a los que herimos y a Dios. Pero eso es el pasado. Lo que pasó, pasó. Así que concentra tus pensamientos y energías en lo único que todavía puedes hacer: ponerte de pie por el bien de tus hijos.

. . .

Ponerse en pie exige abordar algunas cuestiones básicas. Ninguna de ellas es fácil, pero todas son bastante sencillas.

1. Afrontar los hechos

Para avanzar en la vida, tenemos que enfrentarnos a la vida tal y como es, no como nos gustaría que fuera. Antes de poder controlar y trabajar en el proceso de duelo, tenemos que enfrentarnos a la realidad, a veces la realidad muerde, pero las marcas de los dientes se desvanecen con el tiempo.

Así que suelta el sueño hoy, de una vez por todas, llora su muerte y acepta tu situación tal y como es.

Si te sientes solo, te sientes solo. Si estás herido, estás herido.

Si cometiste errores que causaron una ruptura irreparable, entonces cometiste errores. Confiesa tus errores y busca el perdón, si no lo has hecho ya. Y date cuenta de que no puedes deshacer lo que se ha hecho. Dios conoce el dolor de tu soledad y perdonará tus errores. Dios entiende y suplirá la fuerza cuando tus propias fuerzas fallen. Él es fiel para hacer estas cosas por nosotros.

En la Biblia leemos la asombrosa verdad de que la fuerza de Dios se perfecciona en nuestra debilidad... Estar solo, ser herido, tener la culpa, ser víctima del descuido de otra persona... todo esto causa tristeza y dolor. Sin embargo, no es el fin del mundo. Aunque tengas buenas razones para sentirte emocionalmente maltratado, tienes hijos, familia extensa, amigos y un Dios que todavía están contigo. Saca fuerzas y sabiduría de los que siguen a tu lado.

Busca a alguien con quien puedas hablar. Desahógate.

Rezad juntos. Lloren. Pero sigue adelante. Afrontar los hechos tal y como son es el primer paso para afrontar el dolor y recuperar el control. Hay una segunda razón por la que necesitas afrontar los hechos: Si no lo eras antes, ahora eres la roca de tu familia. Nadie vendrá a rescatarte. Sé un hombre y ponte en la brecha por tus hijos.

2. Reconozca su cambio de roles

Tu estado civil ha cambiado, lo que significa que el resto de tu vida también ha cambiado. No puedes intentar seguir la vida como antes. Tu trabajo, tus hijos y tus amigos deben asumir nuevos roles en tu vida. Esto no es una opción, es la realidad.

Su trabajo

Protege tu trabajo a través de tu dolor y la confusión de emociones que estás sintiendo. Tú -y tus hijos- necesitáis vuestro trabajo.

La mayoría de los empleadores serán compasivos hasta cierto punto. Si tu rendimiento laboral se ve afectado, tómate el tiempo personal que te permitan para recomponerte y empezar a recuperarte. Sin embargo, intenta adoptar el modelo de David, el mayor rey del antiguo Israel.

David metió la pata a lo grande al cometer adulterio y luego enviar al marido de su amante al frente de batalla para que lo mataran. Su adulterio provocó el nacimiento de un niño, que enfermó de muerte. David rezó para que le perdonaran la vida a su hijo, pero el niño murió. Una vez muerto el niño, David se enfrentó a los hechos. Se limpió y continuó con su vida mientras dejaba de lado su luto.

. . .

Tienes que levantarte y dejar de lado tu luto. Tienes que retomar el papel de líder de tu familia. Recógete y niégate a revolcarte en la autocompasión.

Cuando vuelvas al trabajo, ten cuidado de no utilizar a tus compañeros como caja de resonancia. La gente se preocupa por lo que estás pasando, pero tienen sus propios problemas. Además, tienen trabajo que hacer. Así que no les agobies, aunque sigan asintiendo y sonriendo cuando te pases a hablar. Comparte tu dolor en la medida en que alguien te pregunte por él, pero recuerda que ellos tienen plazos que cumplir y tareas que realizar. Hay un momento adecuado para el duelo, así que después del trabajo, con un amigo cercano o un familiar, gime. Protege tu trabajo.

Los empresarios prefieren que te recuperes a que te autodestruyas. No quieren perder a un buen empleado. Así que si eres prudente y no abusas del tiempo que necesitas, trabajarán contigo para permitirte unos días personales.

Pero recuerda lo esencial: No dejes que tu trabajo se resienta.

Su familia ampliada

El papel que desempeña su familia ampliada también cambiará después de un divorcio. Tanto si están cerca como si están lejos, la mayoría de las familias quieren unirse a la causa. Pero no hay garantía de que se pongan de su lado. Es posible que insistan en que lo vieron venir y que empiecen a culparse.

No lo necesitas, pues tus emociones ya están lo suficientemente agitadas. Si tu familia -ya sea la tuya o la de tus antiguos suegros- no se calla y te echa una mano, mantenlos a distancia. Esto implica un poco de malabarismo en las relaciones.

Necesitas el apoyo de tu familia. Necesitas su ayuda con los niños. Tus hijos necesitan el apoyo sano y positivo de tíos y abuelos.

Sin embargo, los niños no necesitan propaganda. No necesitan que nadie ponga en evidencia a ninguno de sus padres. Y no necesitan ser objetos de manipulación, especialmente para que alguien pueda hacer un punto. Necesitan que se les permita ser simplemente niños.

En este momento sólo necesitas unas pocas cosas de tu familia extensa: cuestiones concretas de apoyo, tiempo con tus hijos y otras ayudas prácticas.

Si las familias -la tuya o la de tu ex- no lo hacen- debes redirigir sus energías con diplomacia o mantenerlas a distancia.

Por otro lado, había ocasiones en las que las preguntas y los comentarios comenzaban con una acusación: "¿Cómo pudo su madre hacer algo así? ¿En qué estaba pensando? No está bien que una madre actúe así". Este tipo de comentarios sólo abren la puerta a los chismes y a los sentimientos heridos, que minarán tu energía. En realidad, no sabes por qué las cosas sucedieron como lo hicieron. Así que redirige la conversación inmediatamente: "Me pregunto si puedo pedirte un favor. ¿Te importaría ayudar a los niños con...?". Si no captan la indirecta, sé más directo y diles que dejen de jugar al juego de la culpa.

En resumen, la relación con tu familia ampliada debe ser utilitaria. Ya tendrás tiempo otro día para disfrutar de una conversación relajada y del normal toma y daca de las relaciones. Por ahora eres tú quien necesita ayuda.

Tus amigos

El papel de tus amigos cambiará, al igual que el de tu familia extensa. Tu divorcio puede poner a prueba los verdaderos lazos de amistad.

No tendrás el tiempo para invertir en esas relaciones ni la libertad para involucrarte tanto como antes. Tu círculo de libertad se ha centrado más en lo doméstico. Está bien que de vez en cuando consigas una niñera y salgas o invites a tus amigos, pero debes considerar primero las necesidades de tus hijos.

Algunos amigos asumirán que ahora disfrutas de toda la libertad de un adulto soltero sin hijos. Querrán que te tomes un descanso de tus responsabilidades familiares. Necesitas un poco de descanso, pero nunca a costa de tus hijos. No intentes llenar tus propios vacíos emocionales con "buenos momentos". Los días de despreocupación antes de tener hijos han quedado atrás. Sal con los amigos, pero hazlo en dosis moderadas y sólo con las cosas en orden en casa, con los arreglos apropiados para el cuidado de los niños y con todas las responsabilidades necesarias atendidas.

Mi amigo Rick tenía una amiga divorciada que afirmaba sus esfuerzos por ser el padre que sus hijos necesitaban. Él apreciaba el estímulo, pero también reconocía el peligro de caer en una relación romántica o sexual con otro padre soltero vulnerable. Todavía necesitaba tiempo para recuperarse de su divorcio sin la distracción de un nuevo romance.

Subrayó: "Definitivamente, teníamos que mantener la amistad como tal".

Rick tuvo la suerte de tener una amiga segura. Necesitamos escuchar que estamos haciendo un buen trabajo con nuestros hijos. Así que rodéate de los amigos adecuados, pero ten mucho cuidado. Afronta el hecho de que eres vulnerable.

No dejes que tus amigos alimenten tu rabia o tu autocompasión eligiendo bandos y avivando la polémica. No puedes permitirte esa distracción en este momento.

. . .

También puede necesitar la ayuda práctica de varios amigos de confianza, como si fueran miembros de su familia ampliada. Esté dispuesto a pedir ayuda. Necesitas apoyo.

Necesitas niñeras en las que puedas confiar y con las que tus hijos se sientan cómodos. Los amigos pueden ser ojos y oídos de apoyo para ti. Yo le pedí a un amigo que era vecino que vigilara a mis hijos después del colegio. Si tienes un vecino en el que confías, pídele que te ayude a vigilar a tus hijos, sobre todo cuando empiecen a adaptarse a ser niños con llave (otra realidad a la que tienes que enfrentarte).

Los amigos también pueden ser buenos oyentes y cajas de resonancia silenciosas. Los verdaderos amigos te ayudarán en tu papel de padre soltero, y tendrás que asegurarte de que ese es el papel principal que desempeñan.

Sus hijos

Sus hijos tienen nuevas preguntas y necesidades diferentes después de un divorcio. Están heridos, asustados, enfadados y confundidos. Tratarán de buscar culpables, a menudo concluyendo erróneamente que ellos tienen la culpa.

Aunque los niños nunca necesitan culparse a sí mismos, a menudo lo hacen de todos modos. Es parte del proceso de duelo. Uno de mis hijos decidió que mi mujer y yo nos divorciamos porque ella dejó la gimnasia. Por muy absurdo que pueda parecer a los de fuera, para el niño es muy real.

Asegura a tus hijos que ellos no tienen la culpa, que el divorcio fue un asunto totalmente entre su madre y tú. El divorcio es uno de esos acontecimientos de la vida que pueden precipitar a un niño a ser adulto. Quieren desesperadamente ayudar y arreglar las cosas. Haz todo lo posible para que sigan siendo niños.

La primera necesidad es ayudar a tus hijos a ponerse de pie.

Eso se consigue liderando, poniéndose sano y conduciéndolos a la salud junto con usted. Parte de ese proceso puede incluir el asesoramiento, como individuos o como familia.

Ese asesoramiento puede venir de un pastor o de un

terapeuta profesional. En cualquier caso, es vital que entiendas que tus hijos pueden necesitar asesoramiento.

Y necesitan que seas honesto con ellos, sin derramar todas tus entrañas. Si lloras y estás dolido, deja que los niños sepan por qué. Pero elige bien las palabras. Mis hijos siempre ponen un campo de fuerza cada vez que me pongo en modo de información excesiva. ¡Oh, no! ¡Papá va a empezar a hablar y no va a parar nunca! Cuando mis hijos caen en un coma informativo, recuerdo que las respuestas breves y comprensivas suelen ser las mejores.

Sé breve y específico. Y aborda sus necesidades cuando admitas una propia. Reconoce la carga que deben sentir: "Sé que estás confundido. Yo también lo estoy. Pero las cosas se solucionarán y con el tiempo quizá entendamos mejor todo esto". Las respuestas breves reconocen y validan sus sentimientos al tiempo que les permiten seguir adelante.

Cuando hables de tus propios sentimientos y necesidades, ten cuidado de no presentar a tu ex de forma negativa. Es fácil retratarla negativamente y racionalizar que lo haces sólo para proteger o enseñar a tus hijos. No lo hagas. En su lugar, céntrate en ti mismo. Elimina el trozo de madera que está cegando tu propio ojo en lugar de intentar describir la astilla de error que ves metida en el ojo de tu ex mujer.

Incluso si su ex-cónyuge está llevando un estilo de vida inmoral, no se exceda en señalar su pecado. En lugar de obsesionarte con los defectos de tu ex, concéntrate en enseñar a tus hijos los valores positivos que quieres que adopten. Ellos verán la verdad sin que usted les predique un sermón.

Me senté con mi hija mayor después de que su madre se marchara y le dije: "Ahora me doy cuenta de lo herida que estaba tu madre. Y me doy cuenta de que habías asumido demasiada responsabilidad por tus hermanitos. Pero ahora quiero que seas una niña pequeña durante unos años más y que me dejes ser el padre". En realidad, suspiró aliviada.

Pero entonces llegó el acto de equilibrio. Aunque quería que siguiera siendo una niña, a veces necesitaba su madurez en el hogar. Se trata de una fina línea de ensayo y error. Da a tus hijos las mismas tareas que tendrían los niños de una familia intacta. Es saludable tener tareas. Pero no es sano que una sola persona tenga demasiada responsabilidad para que la casa funcione bien. Dejar que los niños ayuden a cocinar no es lo mismo que darles la responsabilidad de preparar las comidas. Tú debes ocuparte de la planificación y la compra. Deja que te ayuden en la medida de sus posibilidades a preparar, servir y limpiar.

"Necesito que hagas la colada" es diferente de "Estás a cargo de mantener toda nuestra ropa limpia".

"Por favor, ayuda a tu hermano a vestirse esta mañana" es diferente a "Tú eres el encargado de vestir a tus hermanos todas las mañanas". La idea es que sean ayudantes, no padres sustitutos, de sus hermanos menores.

3. Aprenda a controlarse a sí mismo

Recientemente, al leer la dedicatoria de un libro de entrenamiento de karate, me acordé de un antiguo proverbio común a las artes marciales chinas y japonesas: "Quien controla a los demás es fuerte. El que se controla a sí mismo es poderoso". Elige ser poderoso para tus hijos aprendiendo a controlarte a ti mismo. Controlar tus reacciones y emociones es, en el mejor de los casos, difícil.

Pero es tu responsabilidad.

. . .

Cuando trabajé como capellán de una prisión, conocí a dos hombres que no pudieron controlar su ira. En ambos casos mataron a sus ex mujeres y ahora están en prisión. Sus hijos, las partes inocentes, son las víctimas involuntarias. Como estos hombres no se controlaron, todos perdieron.

La ira es una emoción secundaria, una manifestación externa del dolor que sentimos en nuestro interior. Entrar en contacto con el dolor y afrontarlo de frente es la manera de desechar la ira.

Así que inclínate hacia tu dolor, admítelo, procésalo. Sé lo suficientemente hombre como para sentirte herido.

4. Obtenga la ayuda externa que necesita

Necesitas ayuda. Lo sé, lo sé. Eres un hombre y puedes saltar edificios altos de un solo salto. Yo mismo fui una vez un hombre así, o pensé que lo era. Sin embargo, justo después de mi divorcio, era capaz de tropezar con los edificios de un solo paso. Necesitaba ayuda, y afortunadamente la busqué.

Fui víctima de drásticos cambios de humor. Afectaban a mi trabajo y a la relación con mis hijos. Finalmente fui a ver a un médico, que me recetó Prozac. La medicación estabilizó mi estado de ánimo y calmó mis ataques de pánico. Aunque había sido artista marcial durante unos treinta años, había asistido a la escuela militar durante doce años y había servido en el ejército durante seis años, tenía ataques de ansiedad por todos los temas, desde el rechazo y la soledad hasta el fracaso, pasando por lo que sería de mi vida sexual si volvía a casarme. ¿Y si no me volvía a casar?

Estaba claro que necesitaba ayuda.

Un día, en el coche, me sorprendí expresando todo tipo de preocupaciones y temores a mi hija adolescente Jennifer. Antes de darme cuenta, sus ojos se llenaron de lágrimas. "Papá, necesitas ayuda. Y no soy yo". Tenía razón.

Cuando te des cuenta de que necesitas ayuda externa, asegúrate de buscar la ayuda de la fuente adecuada. Los amigos no pueden ayudar con las cosas para las que necesitas un pastor. Y los pastores no pueden ayudar con asuntos que requieren atención médica o psicológica. Busque ayuda de la fuente adecuada. Y busque ayuda para toda su persona: mental, emocional, física y espiritualmente. Probablemente usted no es el mejor juez de cómo está en esas áreas, especialmente cuando todavía se está tambaleando por un divorcio.

Estaba deprimida mucho antes de saberlo. Cuando mi matrimonio se desmoronó, traté de arreglarlo. Cuando eso fracasó, traté de recomponerme. Con el tiempo, me di cuenta de que no había una solución sencilla. El drenaje emocional del divorcio, el estrés de mi nueva soltería, el arrastre de la ruptura desde antes del divorcio, todo salió a la luz. Mientras trabajaba en un problema, salieron a la luz otros tres. Necesitaba una revisión completa. Esto requería los servicios de un equipo de conspiradores.

Mi salud espiritual es primordial para la salud de mi familia y para mi propia vida. Así que me puse al cuidado de dos pastores. Comencé a asesorarme con ellos para tener responsabilidad, apoyo espiritual, consejo y reparación. Ambos tenían perspectivas similares, pero expresaban sus puntos de vista de manera diferente. Al mezclar sus ideas y seguir sus consejos, pude recuperar una perspectiva espiritual sana y evitar confiar en mi propio juicio, que estaba muy marcado por la batalla en curso.

Acércate a tu pastor y sé vulnerable. Escucha, reza y sigue sus consejos. La parte difícil es a menudo disciplinarnos para hacer lo que los pastores aconsejan. Si buscas su ayuda y te dan un consejo fundado y razonable, síguelo.

Mantén tu cabeza en las Escrituras. Necesitas la sólida sabiduría y guía de las enseñanzas de Dios. Puede que sientas que no puedes leer porque tu mente está demasiado llena. Puede que sientas que ya sabes lo que se dice. No importa qué, léalo. Los pequeños pasos están bien. No estudiar debilitará aún más una estructura ya débil.

No descuides la oración. Cuando estés dolido, reza. Cuando te enfades, reza. Cuando te sientas solo, reza. Confiesa tus sentimientos a Dios, reza por otros en tu misma situación, reza por tu familia, reza por tu ex cónyuge. Reza.

Protégete de las influencias negativas de fuentes externas como la música o la televisión. Concéntrese en la música reconfortante y tranquilizadora y en los programas de entretenimiento.

Los amigos pueden ayudar como cajas de resonancia, pero no son profesionales y a menudo confunden consejo y opinión. Puedes recurrir a ciertos amigos para que te aconsejen con sabiduría. Sin embargo, debes saber que los amigos tienen limitaciones.

. . .

Y recuerda que a los amigos y a los compañeros de trabajo no les importa oír hablar de tus problemas en el equilibrio y el entorno adecuados. Pero no te desahogues con estas buenas personas. Los consejeros, los pastores, los psicólogos, los médicos y los psiquiatras son los profesionales a los que debes sangrar. Ellos pueden lidiar con el desorden y limpiar las cosas. No sangren sobre aquellos que no están capacitados para lidiar con ello.

Además de necesitar ayuda espiritual y emocional, necesitaba mejorar mi salud física, especialmente la dieta y el descanso. Controlar mi dieta era un trabajo de toda la vida, así que seguí trabajando para comer bien. ¿Y el descanso? Esa es otra historia. Como padre soltero, estaba constantemente en la carrera. Las demandas de mi atención eran abrumadoras. Entonces, ¿cómo podía descansar más?

Descubrí que el descanso es más que dormir. El descanso es la relajación, la recreación o incluso una pausa para despejar la mente. Descansar es tomarse unos minutos en mi coche para cerrar los ojos, respirar profundamente y pensar en algo positivo, como las cálidas sonrisas de mis hijos.

El descanso puede ser una oración de cinco minutos de alabanza a Dios. Descansar es ralentizar el ritmo interior mientras el ritmo exterior continúa. El descanso se convierte en un hábito aprendido.

De nuevo, busca la ayuda que necesitas. Si no consigues ponerte al día, acude a tu médico. Si te recomienda un psiquiatra, un psicólogo o un consejero, sigue los consejos del médico. No te avergüences. Sé saludable.

Levantar la cabeza y seguir adelante

Cuando mi mujer se marchó, me dolía demasiado como para mirar hacia delante. Era un caso perdido. Apenas podía atarme los zapatos, pero me di cuenta de que tenía demasiadas responsabilidades que sufrirían si me enfrascaba en mirar hacia atrás. No podía deshacer lo hecho, así que era hora de seguir adelante. Eso es fácil de escribir, pero hacerlo fue una de las tareas más difíciles a las que me he enfrentado.

Las artes marciales me enseñaron mucho sobre la vida. En una batalla, cada momento es significativo. Un luchador tiene que centrarse en el objetivo inmediato y volver a centrarse y volver a centrarse y volver a centrarse. Con cada cuadro, nos ajustamos y seguimos avanzando.

. . .

No cambiamos los objetivos. No miramos hacia atrás.

Avanzamos.

Incluso en el momento más doloroso, hay algo que agradecer. Cuando entrenaba para obtener mi cinturón negro, me fatigaba tanto y me dolía tanto que quería abandonar. Tenía cuarenta años.

Podía dejarlo y la gente lo entendería. Pero esa sería la salida fácil. El legendario entrenador de fútbol Vince Lombardi dijo una vez: "La fatiga nos convierte en cobardes". El dolor y la fatiga nos ayudan a justificar el abandono.

Ser padre soltero significa que dormirás menos. Significa que tendrás más trabajo en casa. Significa menos ingresos y más gastos, y puede significar trabajar más horas o tener un segundo empleo. Todo esto se suma a la fatiga, y eso es sólo la parte física. La fatiga emocional es un hecho.

. . .

Ante el dolor y el cansancio, los padres solteros tienen que centrarse en algo que les haga seguir adelante y progresar de forma constante. El progreso será lento, pero cada pequeño éxito alimentará el siguiente, y finalmente los éxitos crecerán mientras el dolor disminuye.

Estás pasando por un momento de disciplina. Es desagradable, no hay duda. Pero deja que la disciplina haga su trabajo para convertirte en un padre más fuerte y eficaz para tus hijos. Si no puedes mantener la concentración necesaria para tu propio beneficio, hazlo por tus hijos.

La profundidad de la participación: Más allá de la participación simbólica

La mayoría de los padres me dicen que están involucrados en la vida de sus hijos, y hasta cierto punto, tienen razón.

Asisten a sus partidos de la liga infantil, les llevan a comer pizza y se van de vacaciones con ellos. Este tipo de implicación es buena, pero se basa únicamente en la actividad. La implicación debe ir más allá de la superficie, llegando al núcleo emocional de los chicos. Los hijos de todas las edades necesitan la orientación, el apoyo y la aprobación de sus padres, y no recibirán estas cosas sin el compromiso de tiempo y energía emocional de sus padres.

Esto no va a suceder si simplemente te presentas. Hace falta una verdadera comunicación: hablar honestamente de tus sentimientos y escuchar profundamente a tu hijo cuando expresa sus sentimientos. Estar cerca y disponible es estupendo, pero tienes que demostrar que te importa lo que tu hijo hace, piensa y siente.

Los niños son muy agudos; saben si te limitas a cumplir con las normas. Saben si tu cuerpo está ahí pero tu mente está a un millón de kilómetros. La implicación requiere un esfuerzo. El reto para los padres es superar el aburrimiento inherente a un recital de piano de cuarto grado e interactuar con un niño a su nivel. Permitirle que exprese sus preocupaciones sobre la pieza que está tocando y felicitarle por la forma concreta en que la ha tocado comunica tu implicación; revela cuánto apoyas y apruebas sus esfuerzos.

Los padres que se involucran profundamente en la vida de sus hijos les dan el regalo de la conexión. Por muy inciertas y confusas que sean sus vidas exteriores, estos chicos saben que no están solos. Este reconocimiento les permite explorar, crecer y desarrollarse en lugar de correr pocos riesgos y quedarse estancados en una etapa de desarrollo. Los chicos que están conectados con sus padres reconocen que, por mucho que lo estropeen o fracasen, siempre pueden contar con el apoyo de sus padres.

Esto les proporciona una gran capacidad de recuperación tanto de niños como de adultos. Teniendo en cuenta todo esto, es sorprendente que cualquier padre pierda la oportunidad de involucrarse profundamente en la vida de su hijo.

Sin embargo, la mayoría de las veces esta implicación falta o es inconsistente.

Todos los años, la industria cinematográfica saca a la luz varias películas que describen el desgaste emocional que provoca la falta de implicación de los padres. Todas estas películas subrayan la poderosa necesidad que tienen tanto un padre como un hijo de volver a conectar y resolverse el uno con el otro a pesar de los malentendidos del pasado. En Mi vida como una casa, por ejemplo, Kevin Kline interpreta a un personaje que ha perdido el contacto con su hijo, y el dolor de esta desconexión se amplifica cuando le diagnostican una enfermedad terminal. Varias escenas demuestran cómo la falta de implicación de Kline perjudicó a su hijo cuando éste crecía y cómo Kline ha reconocido por fin cuánto le ha perjudicado. A pesar de toda la rabia que siente el hijo, cada personaje es capaz de hacer un esfuerzo extraordinario para reconectarse.

Si el arte refleja la vida, ¿por qué hay tantos padres que no logran establecer vínculos sólidos con sus hijos? Para responder a la pregunta, piense en su propia vida. Es posible que su padre lo haya descuidado (los pecados del padre se transmiten al hijo) y que parezca que no le importa a su padre. Todos estamos cableados genética, ambiental y psicológicamente para esperar que nuestro padre nos ame.

Cuando esta expectativa no se cumple, nos sentimos desolados. Los hombres generalmente ignoran y minimizan esta herida emocional, poniendo una fachada dura mientras por dentro la herida permanece abierta y sujeta a infección.

Durante nuestra infancia y adolescencia, nos desviamos del desarrollo y somos incapaces de formar las relaciones profundas y satisfactorias que anhelamos.

Si no comprendemos nuestro pasado, estamos condenados a repetirlo. De tal palo, tal astilla es un desafortunado tópico en este caso. Parece natural engendrar a nuestros hijos como fuimos engendrados. Nos sentimos cómodos asumiendo este papel paternal tan familiar. Nos parece antinatural e incómodo asumir un papel más conectado, porque ese enfoque de paternidad nunca fue modelado para nosotros. Por lo tanto, nos empeñamos en ser el tipo de padre que, si lo pensamos detenidamente, no queremos ser.

¿Está usted menos involucrado en la vida de su hijo de lo que debería? Para evaluar su implicación, reflexione sobre sus respuestas a las siguientes preguntas:

- Cuando tienes que elegir entre algo que te gusta hacer y asistir a un evento en el que participa tu hijo, ¿qué elección sueles hacer?
- Cuando vas a un evento en el que participa tu hijo y que no te interesa especialmente, ¿tiendes a desconectar?
- Cuando pasas un periodo de tiempo prolongado con tu hijo, ¿hablas de lo que estás viviendo a nivel puramente "intelectual" o compartes sentimientos?
- ¿Pasa una cantidad de tiempo significativa y constante con su hijo semanalmente, o es insignificante e inconsistente?
- ¿Ofrece a su hijo apoyo y aprobación cuando está con él, o generalmente es neutral o lo desaprueba?

- ¿Utilizas el trabajo como excusa para evitar hacer cosas con tu hijo que no te interesan especialmente?

Sus respuestas le darán una medida aproximada de su implicación. Si eres como la mayoría de los padres, tienes algunas deficiencias de implicación. Para ayudarte a ser consciente de estas deficiencias y a tomar medidas para corregirlas, haz el siguiente ejercicio:

Concéntrese en una experiencia de la infancia en la que haya participado en una actividad significativa. Muchas personas responden a este ejercicio señalando un momento triunfal en una competición deportiva o una ceremonia en la que recibieron una recompensa. Sea lo que sea, busca en tu memoria cualquier situación de este tipo en la que tu padre estuviera ausente. Recuerda cómo te sentiste en ese momento. Escribe un breve párrafo en el que describas tu tristeza, tu enfado o los sentimientos que estabas experimentando. A continuación, escribe un breve párrafo en el que describas cómo te habrías sentido si tu padre hubiera estado presente.

Guarda estos dos párrafos en tu cartera o en algún otro lugar accesible. Míralos con frecuencia. Te recordarán por qué es tan importante tu participación en la vida de tu hijo y también te servirán de advertencia sobre las poderosas consecuencias negativas que tiene tu ausencia.

2

Abrazar la intimidad: Los padres de verdad desarrollan sus relaciones

Los hombres anhelan la intimidad, aunque las esposas y los hijos puedan discutir este punto. Las mujeres suelen quejarse de que sus novios o maridos han sido "castrados emocionalmente" y de que las conversaciones de hombre a hombre giran en torno a los deportes y otras cuestiones superficiales. Puede que los hijos no se quejen en voz alta de que sus padres se niegan a compartir sus sentimientos, pero desearían que estuvieran dispuestos a hacerlo. Los chicos tienen una necesidad natural de decir a sus padres que están decepcionados, enfadados, felices, emocionados o avergonzados, pero a menudo adoptan el modelo estoico de sus padres. Para muchos padres, su estilo de crianza no es muy diferente de su estilo de dirección en el trabajo. Son autoritarios, razonables e inteligentes en sus decisiones, pero no dejan traslucir sus sentimientos, por miedo a parecer vulnerables. En el fondo, quieren una relación emocionalmente íntima con sus hijos, pero están pagando por la relación que su padre tuvo con ellos.

Los hombres suelen tener problemas con la intimidad porque fueron aplastados emocionalmente cuando intentaron formar un vínculo íntimo con sus propios padres. Las relaciones íntimas se convierten en esfuerzos de alto riesgo para los hombres que tienen poca experiencia emocional positiva o conexión con sus padres. Para estos hombres, compartir un miedo o una vulnerabilidad con un hijo resulta tan aterrador como hacer paracaidismo por primera vez o cualquier otro tipo de actividad de riesgo. Para ellos, exponer sus sentimientos más profundos es una traición a sus propios padres, y no quieren traicionarlos. Sus padres les enseñaron en sus primeras etapas de desarrollo a ser fuertes y a proteger sus debilidades. Les reprendían si lloraban cuando se raspaban las rodillas y les decían que no debían actuar como un "bebé" o un "marica". Este código de conducta les fue inculcado, y mostrar sus sentimientos a su hijo se siente como una traición a este código.

El padre de Duncan, por ejemplo, era un banquero amable y considerado con su mujer y abierto y emotivo con sus hijas. Con Duncan, sin embargo, era generalmente reservado y rara vez ofrecía apoyo o aprobación. Quería educar a Duncan para que fuera "duro" en parte porque su propio padre le había educado así y eso le había ayudado a superar la adolescencia viviendo en un barrio difícil. Aunque el padre de Duncan se ganaba bien la vida y la familia vivía en un barrio de clase media, quería asegurarse de que los matones no se metieran con su hijo. Por esta razón, era duro con Duncan, reprendiéndolo cuando lloraba, incluso cuando Duncan era un niño pequeño.

Aunque el padre de Duncan expresaba su tristeza, alegría y otras emociones cuando interactuaba con las hermanas de Duncan, contenía estos sentimientos cuando se comunicaba con Duncan. En una ocasión, Duncan estaba cabizbajo cuando no fue nombrado mariscal de campo en su equipo de fútbol Pee Wee, y le dijo a su padre lo molesto que estaba y que sentía que la decisión no era justa. Duncan aún recuerda lo que le dijo su padre: "La vida no es justa, así que acostúmbrate".

De adulto, Duncan se casó y tuvo dos hijos, el mayor de los cuales era un niño. Duncan sentía que estaba educando a su hijo de forma diferente a como lo había hecho su padre. Por un lado, no era tan estricto como su padre y no intentaba que su hijo fuera duro. Tampoco le gritaba como lo había hecho su padre cuando cometía un error o se quejaba. Sin embargo, a Duncan le resultaba difícil comunicarse abierta y honestamente con su hijo. No es que Duncan retuviera conscientemente sus emociones, pero generalmente no mostraba mucha alegría o emoción cuando su hijo le contaba un logro, y disuadía suavemente (pero con habilidad) a su hijo de expresar sus miedos u otras emociones fuertes. En estas situaciones, Duncan distraía a su hijo de estas expresiones emocionales haciéndole reír, utilizando el sarcasmo u otras técnicas para convertir los sentimientos de su hijo en una broma. Aunque Duncan haya conseguido distraer a su hijo de sus sentimientos problemáticos, también ha creado una brecha emocional en la relación que, invariablemente, causará problemas a su hijo en los próximos años.

¿Tienes una relación emocionalmente íntima con tu hijo? ¿O abusa del poder de la relación ocultando sus sentimientos? Para evaluar la intimidad de la relación, piensa en cómo responderías a las siguientes preguntas:

- ¿Has llorado alguna vez delante de tu hijo? ¿Te permites mostrar tu tristeza delante de él o se la ocultas?

- Cuando tu hijo está enfadado, herido o tiene miedo, ¿le animas a expresar sus sentimientos negativos y a explorarlos en una conversación contigo?

- Si tu hijo tiene un problema con otro niño en la escuela o experimenta sentimientos que te incomodan, ¿es probable que le pases el problema a tu mujer?

. . .

- Cuando hablas con tu hijo sobre actividades y acontecimientos que son importantes para él, ¿le permites expresar lo que siente sobre estas actividades y acontecimientos (o diriges la conversación hacia los detalles de lo que ha ocurrido)?

- ¿Recuerda alguna conversación con su hijo en el último año en la que le haya dicho que estaba decepcionado o molesto por algo de su propia vida?

No es raro que los hombres vean estas preguntas y respondan a la defensiva. Para ellos, las preguntas sugieren debilidad. Llorar delante de sus hijos les parece "malo", una violación de su código de macho. Del mismo modo, asumen que pedir a sus hijos que expresen sus heridas y miedos fomenta el lloriqueo y la debilidad. Es posible que te des cuenta de que estás respondiendo a la defensiva, y este tipo de respuesta puede impedir que pienses realmente en las preguntas y respondas con honestidad. Por lo tanto, trata de suspender tu reacción defensiva por el momento y analiza tus comportamientos objetivamente en relación con cada pregunta.

. . .

Si tus respuestas sugieren que la intimidad emocional es un problema para ti, entonces necesitas trabajar en la comprensión de tu relación con tu propio padre. El conocimiento y la aceptación de tu padre te aportan libertad. Una vez que comprendas lo que hizo que tu padre se sintiera así y trabajes en tus sentimientos al respecto, esta comprensión liberará las restricciones artificiales que has puesto en tus sentimientos. Libre del código de conducta inconsciente que te enseñó tu padre, podrás actuar con tu hijo de una manera mucho más honesta emocionalmente. Con demasiada frecuencia negamos nuestros sentimientos hacia nuestros padres o nunca llegamos a aceptar el legado que hemos heredado de ellos. Podemos pensar que no nos afecta el enfoque de crianza de nuestros padres, pero lo que a menudo no nos damos cuenta es que los hijos sí lo hacen.

Hay que reconocer que este tipo de comprensión no se produce de la noche a la mañana. En los siguientes capítulos le proporcionaré una serie de información y herramientas que le ayudarán a comprender quién era su padre y cómo le afectaron sus actitudes y comportamientos. Por ahora, sin embargo, vamos a empezar con un sencillo ejercicio que te ayudará a pensar en tu padre de una manera que quizás no hayas considerado antes.

. . .

Imagina que eres un reportero de un periódico sensacionalista al que se le ha asignado la tarea de escribir un perfil provocador de una celebridad, que resulta ser tu padre. Tu objetivo es revelar al hombre que hay debajo de la celebridad pública, exponer las motivaciones y los sueños del individuo que nadie conoce realmente más allá de su personaje público. Diviértete con el perfil; crea un titular; sé polémico. Puedes empezar el perfil de esta manera: "John D. creció como hijo único de un trabajador del acero, y algunos dicen que por sus venas corre metal fundido en lugar de sangre". El objetivo de este ejercicio es que mires a tu padre desde un ángulo distinto al que sueles ver. Ponte la gorra de periodista y empieza a escribir.

Ser padre soltero es una locura

Una nueva mirada a la descripción del trabajo de los padres solteros

Al comenzar mi nuevo papel como padre soltero, habría matado por una descripción detallada del trabajo. La crianza de los hijos en un equipo de dos miembros ya es bastante difícil, pero la crianza en solitario es una auténtica locura. Probablemente sea mejor que no haya una descripción escrita del trabajo de los padres solteros. Si la tuviéramos, podríamos huir y escondernos en lugar de quedarnos y asumir la responsabilidad.

Cuando digo que ser padre soltero es una locura, no me refiero a que sea una locura de vez en cuando. Me refiero a que es una auténtica locura. Nunca fue la intención. Se necesitan dos personas para concebir un bebé y al menos una pequeña tribu para criarlo. Una familia se centra en un hombre y una mujer. Si se quita uno de esos elementos, lo que queda es muy limitado. La idea de un padre soltero nunca se incorporó al programa.

Un padre soltero tiene que ser mucho más que un padre para sus hijos. También debe ser un hombre-madre. Tanto si tus hijos están contigo a tiempo completo como si solo lo están parte del tiempo, tienes que desarrollar destrezas, hábitos y habilidades que no son fáciles de conseguir, pero que tus hijos necesitan desesperadamente.

Dios ha incorporado el liderazgo, la provisión, la instrucción y la disciplina en el modelo masculino básico.

Los padres avanzan por el camino de la vida centrándose en las cosas importantes y sin preocuparse demasiado por los pequeños detalles del camino. Los padres empujan a sus hijos a mejorar, los entrenan y los corrigen. Los niños necesitan todo esto, pero los grandes padres van un paso más allá y aprenden a equilibrar sus inclinaciones naturales con otras habilidades y cualidades que ayudan a construir relaciones equilibradas y saludables con sus hijos.

Mi ex mujer y yo tendíamos a equilibrarnos mutuamente, sobre todo en lo que respecta a la disciplina. Era un equilibrio de policía bueno y policía malo. Yo era el policía malo.

Regañaba y levantaba a Caín. Ella venía detrás y explicaba la intención de mis desvaríos. Ayudó a los niños a ver que yo era exigente porque los quería y deseaba lo mejor para ellos.

Ella animó a nuestros hijos a enmendar sus errores con el perro ladrador de su padre y a renovar la relación a través del perdón. Entonces les prodigaba amor y misericordia, como Dios nos recibe. Fue un verdadero esfuerzo de equipo.

. . .

Pero lamentablemente, una vez que mi ex se fue, mis hijos sólo tuvieron que lidiar con el policía malo. ¿Y ahora qué?

¿Cómo podría convertirme en el policía bueno y en el policía malo al mismo tiempo?

Descripción del trabajo

Un padre soltero tiene que dirigir, proveer, instruir y disciplinar. Pero también debe nutrir y animar con la gracia suave que parece ser el don que Dios ha dado a las mujeres.

Dado que un padre soltero necesita cubrir ambos roles cuando cuida de sus hijos, veamos las fortalezas naturales de un hombre, así como su necesidad de cultivar las habilidades de paternidad que no son tan naturales.

Soy el único padre responsable de la gestión diaria y del bienestar de mis hijos. Soy el único modelo de conducta en el hogar. Soy el maestro que debe instruir a mis hijos en las virtudes y valores que considero importantes. Soy el capitán de la lavandería, el chef de la familia y el chófer.

Soy la única figura de autoridad. Soy el guerrero principal de la familia. También soy el pacificador, el sacerdote, el médico y el consejero.

Un padre soltero debe cubrir todas las bases. Esta empresa exige compromiso, madurez, energía y paciencia.

Es un camino de autoevaluación constante y de perdón por tus propios defectos.

Requiere honestidad consigo mismo y con sus hijos. Es un trabajo que nadie quiere porque es un trabajo que ninguna persona puede manejar, pero ahora tienes que manejarlo tú.

Como único adulto cuando tus hijos están a tu cargo, te enfrentas a cuestiones en las que no tenías que pensar cuando estabas casado. Ahora son asuntos importantes que requieren toda tu atención y energía.

El equilibrio entre el sargento instructor y la abuela

. . .

Nueve de cada diez padres están de acuerdo: Es genial ser un hombre. Y el único que se resiste está de acuerdo al día siguiente, después de haber tenido algo de tiempo para pensarlo.

Es realmente genial ser un hombre, y Dios no te hizo hombre por accidente. Así que sal ahí fuera y sé un hombre para que todo el mundo lo vea. Pero al mismo tiempo, date cuenta de que los hombres -como todos los demás- tienen fortalezas y debilidades naturales.

Y tenemos que ser conscientes de cómo nuestras debilidades y puntos ciegos inherentes pueden afectar a nuestros hijos.

Un padre soltero es, por definición, soltero. Es el único padre que tienen los niños cuando están a su cargo. Lo que falta en esos momentos es la dulzura y la gracia que las madres aportan a la vida familiar. El toque hogareño de una mujer equilibra la testosterona de la existencia masculina, Un padre se parará frente a la estufa sin camisa, con calzoncillos holgados, revisando una olla de guiso con una cerveza en una mano y una espátula chorreante en la otra.

. . .

Hay un momento y un lugar para la masculinidad terrenal.

Hablaremos de ello más adelante, así que no tires este libro por la ventana todavía. Pero recuerda que cuando estamos en el deber de ser papá, debemos pensar seriamente en el panorama general, especialmente cuando mamá ya no forma parte de ese panorama. Hay un momento para la gentileza, los modales y la ternura. Sin una madre que equilibre la masculinidad incivilizada de papá, toda la casa puede inclinarse hacia un lado. Antes de que se vuelque, intenta una autoevaluación oportuna.

Supongamos que uno de tus hijos llega a casa del colegio con fiebre o del entrenamiento de fútbol con un esguince de tobillo, La respuesta típica de los hombres es "Aguántate". Me he sorprendido a mí mismo casi presumiendo de las veces que me he roto la nariz como resultado de la práctica de artes marciales. Pero después de un poco de autoevaluación, me di cuenta de que una hija con malestar estomacal probablemente no necesita escuchar historias sobre cómo otra persona no sólo tuvo náuseas sino también diarrea, ¡todo al mismo tiempo! Tal vez necesite un brazo suave en el que descansar su cabeza y un poco de consuelo para saber que estará bien.

. . .

Hay un momento para la dureza, pero nunca a expensas de los corazones tiernos. Tuve que dar marcha atrás y pedir disculpas por mi actitud insensible las primeras veces que mis pequeños estuvieron enfermos. Todavía me encuentro deseando que "se lo tomen como un soldado". Sin embargo, me resisto a los consejos de tipo duro y encuentro la gracia de ser tierna y nutritiva.

Dirigir sin controlar

Una de las principales tendencias masculinas es la de querer liderar. Mientras que un hombre puede tender a seguir el liderazgo de otro en otros entornos de grupo, quiere liderar a su familia. Y cuando no lo hace, suele ser un desastre, limitando la capacidad de la familia para funcionar a pleno rendimiento. No se trata de menospreciar la capacidad de liderazgo de las mujeres, sino de reconocer que los hombres tienen un impulso innato para liderar.

Los niños, asimismo, tienen una necesidad innata de pertenecer a una familia o a algún otro grupo de tipo familiar. Las bandas callejeras son una prueba de la tendencia natural del ser humano a reunirse en alguna forma de grupo tribal. Los niños que buscan una identidad cultural se congregan en torno al líder masculino más fuerte. Uno de los puntos fuertes de ser padre soltero es que tu familia se reunirá naturalmente en torno a ti si simplemente te mantienes firme. En resumen, has sido invitado a marcar el ritmo de tus hijos. Aprovéchalo dando el ejemplo de cómo quieres que vivan tus hijos.

Al considerar la necesidad de liderar, recuerda que hay una gran (y crucial) diferencia entre liderar y controlar. Muchos hombres tienen dificultades para liderar porque sienten que necesitan ejercer un control absoluto para hacerlo. Es hora de eliminar esa idea. Un líder dirige con mayor eficacia dando ejemplo. Un líder escucha, observa y toma decisiones sabias en el mejor interés de su familia, a menudo después de buscar primero un consejo sabio y luego buscar las mentes y necesidades de aquellos a quienes sirve-sus hijos. El liderazgo es servir al grupo, no controlar al grupo. El control se convierte en un problema cuando un padre se sirve a sí mismo en lugar de a sus hijos. El trabajo de un padre no es perseguir su propia agenda sino la de su familia. Un líder piadoso busca los mejores intereses del grupo. En una familia, esto significa dar a todos la libertad de elegir cómo responder a su liderazgo.

Dios nos ha dado un modelo claro a seguir. Nos aconseja, nos provee y nos protege, pero no nos controla. Somos libres de elegir nuestra respuesta. Así debe ser con el liderazgo de un padre en la familia. Aconseja, provee, protege, pero no insiste en la conformidad total. Da a tus hijos espacio para ser individuales. Castígalos cuando sea necesario. Amonéstalos cuando sea necesario. Dios hace lo mismo con nosotros. Pero no insistas en la sumisión. Cuando lo haces, estás controlando, no dirigiendo.

Mi hija mayor vino a verme cuando tenía catorce años y me preguntó si podía teñirse el pelo de azul. Yo quiero a mi hija, pero no quería que tuviera el pelo azul, porque creía que ir por ahí con el pelo azul podría enviar una señal equivocada al mundo sobre el tipo de persona que es. Pero le di la libertad de tomar su propia decisión. Le dije: "Claro, cariño. Si quieres teñirte el pelo y no infringe el código de vestimenta del colegio, adelante. Me gusta mucho tu pelo tal y como está, pero sí es importante para ti, tienes mi permiso".

Se tiñó el pelo de azul. Yo estaba de acuerdo con su nuevo look, pero algunas personas de fuera de nuestra familia no lo veían así. Mi hija volvió a casa de la iglesia unos días después con cara de dolor y confusión.

"Papá, ¿soy rebelde?", preguntó. Su tono me rompió el corazón. "¿Por qué preguntas eso?"

"Los chicos de la iglesia decían que era rebelde por teñirme el pelo de azul".

. . .

"Bueno, Jennifer, tú me preguntaste primero y yo te di permiso. Un rebelde va contra la autoridad. Si yo hubiera dicho que no y tú lo hubieras hecho de todos modos, eso habría sido rebelión. Así que no, no eres rebelde. Diles que sólo estás probando un color de pelo diferente. No eres del tipo que sigue ciegamente a la multitud, y eso es bueno".

Jennifer disfrutó de su pelo azul durante un tiempo. Luego, cuando su pelo creció y el tinte se desvaneció, también lo hizo la emoción. Disfrutó del experimento y luego siguió adelante.

Si hubiera insistido en ejercer un control total, mi hija habría evitado a regañadientes el pelo azul durante ese año escolar, pero unos años más tarde, como joven adulta, podría seguir preguntándose qué se siente al soltarse de verdad y experimentar. Y podría sentirse atraída por algo mucho más dañino que el pelo azul. En la actualidad, Jennifer es una estudiante universitaria que está estudiando derecho. Disfrutó de la libertad de sacarse de encima el juego y la experimentación cuando era adolescente; ahora ha pasado a cosas más importantes. Ni el pelo azul ni su color natural significan nada. Lo importante es que mi hija sabe en su corazón lo que es bueno y lo que no.

. . .

Educa a tus hijos con los valores correctos y guíalos en acciones correctas. Sé el modelo que necesitan; no te conformes con un liderazgo piadoso de boquilla. Si usted es fiel en servirles como líder de la familia, sus hijos encontrarán su camino más allá del tinte de pelo de neón y los múltiples piercings y los pantalones anchos hacia cosas más importantes.

El liderazgo es tanto una cualidad natural como una habilidad practicada. El deseo y la orientación básica ya están presentes. Sin embargo, la habilidad debe aprenderse y luego perfeccionarse.

Parte de ese proceso incluye asumir la responsabilidad de nuestras acciones y decisiones en lugar de intentar pasar la pelota.

No caigas en la mentira. Levántate y hazte valer. Asume la responsabilidad de tu vida y del bienestar de tu familia.

Usted es el único padre que se encuentra cuando sus hijos están a su cargo, así que debe liderar. Tus hijos te buscarán para que les dirijas, les sirvas de modelo, les pongas límites adecuados y los reafirmes. Es más, pondrán a prueba tu determinación. Han perdido la vida hogareña con la que estaban familiarizados. Han perdido la presencia reconfortante y tranquilizadora de dos padres a tiempo completo. Así que están heridos y enfadados, y probablemente asustados. Se apresuran a culpar a alguien, a menudo a ellos mismos, por el divorcio. Y se desahogan con su ira.

También pondrán a prueba los límites y experimentarán con comportamientos límite para ver si tienen el temple adecuado. Al hacerlo, quieren averiguar si eres fuerte o si huyes.

Los niños cuyas vidas se han visto destrozadas por el divorcio necesitan a alguien que les mantenga unidos. Necesitan sentir que la vida no se ha deshecho por completo. Un padre soltero puede satisfacer esa necesidad mediante su liderazgo estable.

Nadie se somete voluntariamente a ninguna autoridad si no cree que esa autoridad tiene en cuenta sus mejores intereses.

Por el contrario, si la gente piensa que un líder tiene sus mejores intereses en el corazón, lo seguirán incluso en la adversidad. Si te ganas el respeto de tus hijos, naturalmente honrarán tu liderazgo.

Recuerde que los líderes dirigen desde el frente. Marcan el ritmo, dan ejemplo y actúan dentro de las normas. Muestra a tus hijos el tipo de vida que quieres que adopten.
Modela el comportamiento que deseas en sus vidas.

¿Quieres una casa limpia? Coge una fregona. Demuestra el comportamiento que quieres y vende los beneficios. Entonces, cuando des la orden de limpiar la casa, los niños harán cola para el servicio.

Disciplina y ternura

Además de ser líderes, los hombres tienen una tendencia natural a disciplinar a sus hijos. Los hombres tienden a sentirse más cómodos estableciendo límites y haciendo cumplir las normas, dando una reprimenda o un castigo serio cuando es necesario. Esto es bueno, porque los niños necesitan límites claros. Después de un divorcio, los niños -especialmente los que tienen mucha energía y voluntad- pondrán a prueba la fuerza y la determinación del padre que tiene la custodia. La familia se ha roto, así que los niños quieren ver si la estructura que queda se mantiene. Los padres sirven a sus hijos defendiendo su posición con paciencia y determinación, y poniendo límites razonables.

Mi hija mayor, Jennifer, tenía quince años cuando su madre se fue. En ese momento, era una atleta disciplinada y una gimnasta dedicada. Sin embargo, casi instantáneamente, se desmoronó y empezó a exteriorizar su dolor. Empezó a fumar cigarrillos y a faltar a la escuela.

Aunque yo era un padre que dejaba a mis hijos espacio para ser ellos mismos, también trazaba líneas definidas en ciertos temas. No fui muy duro con lo de fumar; simplemente hablé de mis sentimientos y le recordé a Jennifer los problemas de salud que conlleva. Le di espacio para que decidiera por sí misma. Fue una decisión mía.

Sin embargo, faltar a la escuela era un problema mucho mayor. No se trataba simplemente de faltar unos días debido a la angustia emocional. Jennifer mentía sobre su paradero cuando se suponía que debía estar en la escuela. La confianza es un requisito básico para que una familia funcione bien y no es negociable en nuestra familia. Les explico a mis hijos que la confianza y la libertad van de la mano. Si quieren más libertad, tienen que ganarse mi confianza. Como Jennifer había roto esa confianza, no podía darle la libertad que deseaba. Siendo un padre solo, no podía operar sin un alto nivel de confianza. Tenía cuatro niños que no podían salir de casa, y no quería dirigir una cárcel. Así que todos necesitábamos confianza.

En el tema de mentir sobre las faltas de asistencia, Jennifer estaba probando los límites. El martillo cayó. La castigaron por haberme engañado. Sin embargo, después de las lágrimas y el enfado, me dio las gracias por haberle puesto límites.

El amor genuino y la disciplina sabia son inseparables. Para amar verdaderamente a un hijo, debes disciplinarlo con diligencia, pero siempre debes hacerlo con amor. Y mientras te mantienes firme, recuerda que la disciplina es entrenamiento; no es golpear o ridiculizar. Aunque soy partidario de la disciplina corporal adecuada, no soy partidario del abuso. Hay una etapa en el desarrollo de un niño en la que su capacidad de razonamiento aún no está bien desarrollada, y el respeto a la autoridad proviene de la comprensión del daño potencial. El dolor y la decepción de un azote comunican claramente esto a los niños pequeños. Pero con el tiempo los niños superan esta forma de disciplina. El momento de ese cambio parece llegar alrededor de los nueve o diez años.

. . .

Es muy posible que estas cosas sean diferentes en su familia. Cuando la disciplina se ejerce en el contexto del amor, estás demostrando ternura y cuidado. Un padre cuáquero, después de azotar a su hijo, se lo llevaba consigo y pasaban el día juntos. A los padres les resulta fácil ser bruscos. La ternura y el cariño no son tan fáciles. No soy una persona de abrazos. Me siento mucho más cómodo con una patada de karate. Pero he tenido que aprender a abrazar y sostener a mis hijos con ternura después de la disciplina. Un padre es a menudo un equilibrio entre el sargento instructor y la abuela.

Toma mejores decisiones

La mayoría de los hombres toman decisiones difíciles cada día en el trabajo. Sin embargo, al llegar a casa, muchos hombres casados aplazan las decisiones a sus esposas.

Quizás los hombres se cansan de tomar decisiones y sólo quieren un descanso por la noche. Pero después de un divorcio no hay nadie a quien diferir. Ahora eres a la vez padre y responsable de la toma de decisiones en el hogar, y toda organización bien dirigida depende de un gran responsable de la toma de decisiones en la cima. Tu familia no es una excepción.

. . .

No dudes en ser audaz a la hora de tomar decisiones. Una elección errónea siempre puede modificarse o corregirse más adelante, cuando salga a la luz más información. Así que sigue avanzando, corrigiendo tus errores sobre la marcha. Toma decisiones con confianza y sé lo suficientemente humilde como para admitir que te has equivocado.

Dado que ya no tiene a su esposa como caja de resonancia, compañera de oración y compañera en la toma de decisiones, tendrá que buscar el sabio consejo de otros amigos o familiares de confianza. Estos confidentes pueden compartir sus consejos y ayudarle a evitar una decisión potencialmente peligrosa. Si te lanzas sin consultar, la toma de decisiones puede ser impulsiva. Es más probable que tomes decisiones miopes basadas en los sentimientos que en la sabiduría.

Si hablas de las decisiones clave con un amigo o un grupo de apoyo, obtendrás la perspectiva necesaria. Es fácil pasar por alto ciertos detalles cuando todo parte de tu propio y limitado punto de vista.

. . .

He aquí un par de áreas que debe tener en cuenta para mejorar su toma de decisiones.

Largo alcance frente a corto alcance

Los hombres tienden a centrarse en las metas y objetivos a largo plazo, dejando los detalles inmediatos a otra persona.

Las mujeres parecen ser mucho más conscientes del aquí y ahora de la vida cotidiana. Por ejemplo, algunos padres crean fondos para la universidad de sus hijos pequeños, pero no se dan cuenta de que les han quedado pequeños los zapatos. Las madres tienden a ver cosas como los zapatos que se les han quedado pequeños y los almuerzos que hay que hacer y otras necesidades diarias típicas de sus familias, pero algunas pueden pensar poco en posibles necesidades en un futuro lejano.

Los padres solteros tienen que aprender a mantener dos perspectivas simultáneamente, manteniendo un ojo en la situación actual y el otro mirando hacia el futuro.

Los padres tienen que mirar hacia abajo, hacia el camino que tienen delante, mientras se dirigen hacia el futuro. Este doble proceso es exigente y agotador, pero también es esencial para viajar con seguridad.

Los niños tienen muchas necesidades diarias importantes. Un padre puede ser propenso a decir: "¿No ven que los quiero? Voy a trabajar todos los días para mantenerlos". Las madres se agachan y dan un abrazo a los niños. Un padre solo tiene que hacer ambas cosas.

Funcional frente a estético

Los padres solteros deben ser conscientes de todas las necesidades de sus hijos: físicas, mentales, emocionales y espirituales. Como único proveedor único de amor y afecto, el papá tiene que profundizar para ser más consciente de las pequeñas cosas que hacen que la vida sea especial.

Recuerdo haber dado dinero a mis hijos para que pudieran comprar el almuerzo en la escuela. Sentía que estaba cubriendo sus necesidades de comida. Pero necesitaban algo más que comidas nutritivas; necesitaban sentirse atendidos.

. . .

Un día mi hijo menor, que entonces tenía seis años, llegó a casa y dijo: "La madre de Jimmy le hace los almuerzos más chulos". Oí algo de envidia en la voz de Nico. Entonces se me ocurrió que un almuerzo hecho era mucho más personal y comunicaba el toque de cariño de un padre. Me reté a mí misma a empezar a hacer almuerzos chulos para mis hijos.

Me di cuenta de que era otra forma de decir: "Te quiero.

Sois especiales para mí". Hasta la fecha he hecho 5.760 almuerzos.

Algunos eran más chulos que otros.

Algunos hombres ven el divorcio como una bienvenida a la emancipación de la influencia feminizadora de sus antiguas esposas. Ahora pueden ser unos vagos, hacer ruidos corporales y pasearse con camisetas raídas. No hay ninguna mujer cerca que pueda hacer un problema de ese comportamiento.

¿Pero qué pasa con tus hijos? Tanto si tienes hijos como hijas o ambos, los niños aprecian los suaves toques civilizadores de una madre. Cuando están contigo, todavía quieren sentir que las cosas no han degenerado en el caos de un vertedero interior.

Aquí tienes unas cuantas preguntas rápidas que te ayudarán a evaluar si necesitas frenar un poco las cosas. ¿Sirves todas las comidas de tu familia frente al televisor? ¿Se presenta todo el mundo a cenar sin haberse puesto la ropa completa?

Cuando uno de tus hijos busca una camisa limpia, ¿es más probable que la encuentre colgada en el armario o enterrada bajo la pila de ropa sucia que no se ha tocado en semanas?

Bueno, para empezar, porque la vida es mucho más que una función. Dios hizo los árboles por dos razones. La Biblia dice que hizo algunos para que dieran fruto, un propósito totalmente funcional, y otros que son simplemente "agradables a la vista"". Desde el punto de vista de Dios.

¡La estética es importante!

. . .

Los padres solteros deben tener cuidado de superar la mera funcionalidad. Algunos hombres se rebelan contra los adornos de la feminidad que se impusieron en sus mundos durante los años de matrimonio. Pero tus hijos necesitan el equilibrio de ambos mundos: funcionalidad y belleza. Si tienes niñas, descubrirás que disponer de ropa limpia no es el único problema. Se espera que clasifiquen los colores y lean la etiqueta de instrucciones de lavado que hay en el interior del cuello.

(Sí, realmente tienen instrucciones claras en una etiqueta en la ropa.) Los niños aprecian el cuidado que supone añadir ese toque extra de atención. Meter todo el montón en la lavadora y poner la temperatura en "caliente" no es suficiente.

En resumen, los padres tienen que luchar contra la miopía masculina y añadir el equilibrio que se perdió tras el divorcio. Las cosas que hizo tu ex mujer y en las que nunca te fijaste o pensaste eran en realidad su forma de equilibrar la balanza. No tengas miedo de tomar prestada su sabiduría, aunque ya no sea tu mujer. O consulta a tu madre o a tu hermana o habla con una amiga.

Pregúntale a una mujer qué añadiría a tu casa en cuanto a estética y otros toques civilizadores. Alcanzar este tipo de equilibrio sólo te convertirá en un mejor y más fuerte servidor y líder en tu hogar.

3

Usted y su hija

Las chicas son geniales, y también son realmente diferentes

Tengo dos hijas y no las cambiaría por nada del mundo.

Pero criarlas sola no fue un día en la playa. La dificultad de esta tarea no me llegó con toda su fuerza hasta que su madre estuvo fuera de casa durante casi seis meses. Fue entonces cuando recibí la llamada telefónica.

Estaba en casa después del trabajo cuando Sarah, mi hija menor, me llamó desde la escuela. Estaba claramente angustiada por algo.

. . .

"¿Qué pasa, cariño?" Pregunté.

"¿Dónde está mamá?", pudo preguntar con voz débil, luchando por mantener la compostura.

"Sarah", respondí, "no lo sé con seguridad. Está en algún lugar de San Antonio, pero no sé dónde trabaja".

"Bueno, ¿dónde está Jennifer?"

"Jennifer está en la práctica de atletismo. Cariño, ¿qué pasa?" "Empecé", susurró Sarah, y luego comenzó a llorar.

¿Ella "empezó" qué? ¿El voleibol? Ahhh. ¡Comenzó! La luz se encendió. Estaba totalmente desprevenida. Había estado tratando de cultivar mi lado femenino, pero esto estaba totalmente fuera de mi área de experiencia. Aun así, como padre de guardia, tenía que hacer algo.

Soy un padre, pensé, del tipo ingenioso, lo suficientemente valiente como para caminar hacia los dientes del peligro, hacia la sombra desconocida. Resolveré esto aunque me mate.

. . .

Salí y le compré a mi hija una rosa, una tarjeta y un pequeño certificado que la declaraba hija especial de Dios y que contenía una declaración que podía utilizar para ofrecerse como mujer en ciernes al servicio de Dios. Puse todos estos recuerdos en su almohada, y tuvimos una acogedora charla y un abrazo cuando llegó a casa de la escuela. Uf, eso estuvo cerca. Al menos, eso es lo que yo pensaba. Unos años más tarde, escuché a mis hijas hablar de este episodio. Mientras se reían, les pregunté qué era lo que les hacía tanta gracia.

"Papá", comenzó Jennifer, "¿recuerdas cuando Sarah llamó por su primera menstruación?" "Sí", dije, "y pensé que había hecho un buen trabajo".

"Oh, lo hiciste muy bien", dijo Jennifer con una risa traviesa. "Compraste la rosa y la tarjeta y todo eso. Sólo te olvidaste de una cosa: ¡los cojines!" Se cayó sobre la cama de lo mucho que se reía. De hecho, las dos chicas se rieron mucho a mi costa. Pero ahí lo tienes. Creo que Lucille Ball lo dijo mejor en la película Yours, Mine and Ours: Un hombre puede hacer la compra y preparar la comida y cuidar de su familia, pero nunca puede ser una madre.

. . .

Sin embargo, hice el viejo intento de la universidad. En mi primer Día de la Madre como padre soltero, recibí un maravilloso voto de confianza cuando mis hijos se unieron para hacerme un regalo del Día de la Madre. Sin embargo, la verdad es que un hombre nunca puede sustituir completamente a una madre. Mi amigo Rick recuerda la primera regla de su hija.

"A veces mi hija y yo hablamos de ese día", dice. "Normalmente nos reímos. A veces nos abrazamos y lloramos. Es duro saber que, por mucho que lo intentes, un papá nunca puede ser suficiente".

He aquí una idea: Aunque tengas muchos problemas con tu ex cónyuge, intenta con todas tus fuerzas apoyar la relación de la madre con sus hijos. Mantén tus críticas al mínimo. Y por el bien de tu hija, haz todo lo posible por convertirte en el mejor padre que puedas. Eso significará aprender todo lo que puedas sobre las necesidades de las jóvenes. En caso de que alguien todavía se lo pregunte, las chicas son diferentes de los chicos en algo más que la apariencia y el aparato. Las chicas y los chicos son físicamente diferentes, emocionalmente diferentes e incluso espiritualmente diferentes.

Un padre haría bien en reconocer estas cosas a tiempo y obtener la ayuda externa que necesita. Busque el consejo de algunas mujeres de confianza y escuche sus consejos.

Sus puntos de vista te darán una mejor comprensión y perspectiva de tus hijas y sus necesidades únicas. Lleva a casa lo que aprendas sobre las mujeres y aplícalo con sabiduría.

Diferencias del "gato"

Mi hija Sarah necesitaba ayuda práctica cuando empezó a tener su primera menstruación.

Pero también necesitaba ver que su padre se preocupaba y que yo realmente intentaba satisfacer sus necesidades. Pero no tenía tampones en casa para dárselos. Pero podía darle atención personal y amor.

Y hablando de tampones... Deja de gemir. Sí, debemos hablar de los tampones. Tenemos que aprender la nomenclatura y sentirnos cómodos hablando de ello. Digamos todos juntos estas palabras: "Tampón". Sujetador, pinzas para el pelo. Maquillaje. Higiene femenina". Y eso es sólo para empezar. Si tienes una niña, ella necesita que seas consciente y abierto sobre sus necesidades personales. No siempre podrás ayudarla, pero tienes que estar disponible.

. . .

Cuando mi hija acude a mí por sus picores femeninos, los consejos que puedo ofrecerle son bastante limitados. Sin embargo, ella sabe que la quiero, así que acude a mí para hablar de estas cosas.

Confía en mí lo suficiente como para hablar de cualquier cosa conmigo.

Me he tomado el tiempo de hablar con médicos y mujeres de confianza, y he leído el reverso de las cajas y las instrucciones y esquemas con respecto a la higiene femenina.

Todavía tiendo a sonrojarme cuando tengo que hablar de estos temas, pero es necesario hablar de ellos.

Las diferencias físicas son fáciles de identificar, pero igualmente fáciles de pasar por alto. Las hijas tienen pechos y vagina. Estas diferencias requieren cierta atención. Ajustar un sujetador no es como ajustar una camiseta. Si la madre de tu hija no está disponible, tu hija necesitará a una mujer con la que se sienta cómoda para que le ayude a ajustar el sujetador adecuado para su soporte y desarrollo.

. . .

Tu hija necesitará a alguien con quien hablar de temas de salud, tal vez una tía o una mujer de la iglesia en la que confíes, tal vez una mujer que trabaje con el grupo de jóvenes. También necesitará un ginecólogo. No dudes en buscar una doctora que sea consciente de tus necesidades como madre soltera y que se preocupe lo suficiente como para involucrarse.

Las distintas mujeres tienen diferentes horarios y respuestas a su ciclo menstrual. Tendrá que romper el hielo al hablar de estos temas y también localizar a alguien a quien pueda llamar de vez en cuando con alguna pregunta o problema.

La naturaleza de su flujo y la de cualquier otra secreción son cuestiones importantes. Tu hija necesitará a alguien a quien pueda acudir si siente que hay algo irregular.

Aunque hay muchos recursos de información, los niños necesitan poder acudir a casa con todos sus problemas más embarazosos y personales. No confíes a tus hijos la clase de salud y la desinformación que reciben de otros niños. Tu hija necesita que estés abierta y atenta a sus necesidades cambiantes. Es muy diferente a los chicos, que simplemente limpian su unidad (con suerte) y luego la guardan. Las niñas ni siquiera pueden ver el suyo. Es otro mundo. Sé inteligente desde el principio y no te escondas de los temas incómodos. Trata estos temas con delicadeza, pero no los evites. Ama a tu hija lo suficiente como para que aprenda.

Apariencia personal

Mi hijo Nico llega a la mesa del desayuno dos minutos después de despertarse. Está vestido y listo para ir al colegio.

Si le cepillas el pelo, vuelve inmediatamente a su estado preferido de caos ordenado: cada pelo por su lado.

Podemos discutir si es cultural o innato, pero mis hijas nunca saldrían de casa con ese aspecto. En primer lugar, su pelo es más largo, por lo que requiere un cuidado adicional.

En segundo lugar, aparte de atarse anzuelos en la cabeza, Nico no quiere ni necesita ninguna decoración adicional. Mis hijas quieren trenzas y cintas y coleteros (lo que creía que era un problema con su ropa interior) para acentuar su hermosa cúpula.

. . .

Hazte un favor. Compra un libro de trenzas. Ve a la sección de cuidado del cabello de una tienda local y familiarízate con la miríada de productos de cuidado del cabello y adornos para atarlo. Ve a un colegio y fíjate en lo que llevan los niños. Coge una revista para adolescentes en la librería.

Estar guapa es importante para las chicas, y los padres no lo entendemos del todo. Tendemos a quitarle importancia a estos temas.

No estoy sugiriendo que simplemente sigas a la multitud o que permitas que tu hija lo haga. Pero los padres deben estar al tanto de las preferencias de moda de las chicas.

Parte de la cultura de una mujer joven es el uso de accesorios. Dales pasadores y moños para que experimenten. Se sentirán glamurosas y agradecerán tu esfuerzo por entenderlo.

La idea de Nico sobre la higiene personal es lavarse con una manguera en el patio. Póngalo en una almohadilla de cemento y sople agua sobre él. Acaba con esto.

Las mujeres jóvenes tienen necesidades diferentes. Si el jabón se acerca a la cabeza de Nico, me adelanto. Las mujeres jóvenes quieren un cabello suave, sedoso y que huela bien. Una pastilla de jabón no es suficiente. El champú, el acondicionador y los geles o sprays son lo mínimo. Si quieres mujeres jóvenes atractivas y seguras de sí mismas, no les digas que lo superen. Presta mucha atención a sus necesidades especiales.

A medida que las niñas crecen la cosa se complica. El maquillaje se convierte en un problema.

¿Cuánto, cuán poco, para qué ocasiones y a qué edad? Hay que discutir y abordar estas cuestiones. Sin embargo, harías bien en hacerte una idea de lo que hace el resto del planeta. Merece la pena pagar a alguien de confianza para que le haga un cambio de imagen a tu hija. Estos expertos en cosmética deberían ser capaces de enseñar a tu hija los colores y las temporadas y otros secretos de la apariencia. Pagar por un cambio de imagen también puede ser una experiencia de unión que le diga a tu hija: "¡Papá ve que soy una mujer y lo aprueba!"

Preferencias de ropa

Entré a despertar a Nico la otra mañana. Estaba desnudo.

. . .

Decidió que la ropa era una molestia y se deshizo hasta la última puntada.

"¿Qué estás haciendo?" Pregunté. "Durmiendo desnudo".

Mientras hacía que Nico se pusiera de nuevo el camisón, me maravillé de lo diferente que era para mis hijas. Cuando su madre se mudó por primera vez, tenían camisones y pijamas, pero yo duermo en ropa interior, así que cuando sus camisones se quedaron pequeños, no me di cuenta de ello. Hasta que recibí una llamada de una amiga preguntándome si necesitaba ayuda con mis hijas.

Sarah estaba pasando la noche con la hija de esta mujer y otras chicas. | estaba sorprendida e incluso un poco asustada por el tono de la mujer cuando llamó. Me preguntaba qué tragedia había ocurrido. Lo que era, en este caso, era la ropa de dormir. O la falta de la misma. Me dijeron que mi hija no tenía camisones y que le daba vergüenza llevar mi vieja camiseta como camisón. La madre al teléfono me explicó que a las niñas les gusta vestirse bien incluso para ir a dormir. Luché contra la vergüenza y me di cuenta de que no podía saber todo lo que había que saber sobre la educación de las niñas. Claro, ayúdame.

La madre se ofreció a llevar a mi hija de compras.

Encontró pijamas, camisones, ropa interior y otras cosas que yo habría considerado absolutamente innecesarias. Vi el resplandor en la sonrisa de mi hija cuando se sentó por primera vez en su camisón y jugó con todas las cosas de niña.

Esta misma amiga me dio una lista de artículos sugeridos para la limpieza de la cara y para suavizar la piel. Hay astringentes, quitaesmaltes, polvos, bolas de algodón y un sinfín de artículos que componen la fórmula de "azúcar y especias y todo lo bueno". Poco a poco fui incorporando estos artículos al presupuesto familiar.

Muchos padres experimentarán cierta tensión al ponerse al día sobre la moda actual de las chicas. Aunque las revistas para adolescentes pueden darte una pista sobre cómo se visten y se arreglan el pelo las chicas adolescentes, recuerda que los estilos de ropa se guían generalmente por los flashes de Hollywood. Una revista típica para adolescentes no dará mucho juego a la modestia.

. . .

Verás un montón de modelos con anillos en el ombligo, vestidas con tops que dejan al descubierto el abdomen, con un amplio escote y mucha pierna. Pero recuerda, papá, que estamos hablando de tu chica, no de una modelo profesional. Así que recuerda que hay que hacer hincapié en la modestia y la verdadera belleza, no en la moda.

Cuando las chicas llevan esta ropa, no se están haciendo ningún favor. Britney, Madonna y Christina son artistas que venden una imagen e influyen en las tendencias de la moda.

Sin embargo, no están vendiendo la imagen que yo quiero para mis hijas. Es responsabilidad de un padre enseñar e insistir en los límites apropiados de la vestimenta modesta.

No siempre es fácil, pero recuerda la necesidad de un amor duro ocasional y aprende el arte del compromiso. Sé duro cuando sea importante y flexible cuando sea necesario.

. . .

¿Recuerdas el pelo azul de mi hija? Mejor una hija con el pelo azul que una hija en una fiesta de natación con un bikini de tanga.

Mientras vigilas la modestia en la vestimenta y el uso razonable del maquillaje, ten en cuenta las cuestiones más importantes de la construcción de una imagen saludable de uno mismo y la atención a la belleza interior. La bondad, la lealtad, el amor, la paciencia, la generosidad y otras virtudes que buscan lo mejor para nosotros y para quienes nos rodean son cuestiones mucho más importantes que las pestañas y el calzado. Como padre, debes modelar estos valores en tu propia vida si esperas que tus hijas adopten estos mismos valores para sí mismas.

Recuerda a tus hijas que lo que las hace bellas es lo que son, no su aspecto. Después de todo, Dios mira el corazón.

DIFERENCIAS EMOCIONALES

Las niñas procesan las cosas de forma diferente en el ámbito emocional. Estoy seguro de que gran parte de esto es cultural, pero otra parte es innata. Por ejemplo, no se puede esperar que las chicas respondan de la misma manera que los chicos en compañía mixta. Tanto si una chica es dulce por naturaleza como si no, quiere ser percibida como tal tanto como los chicos desean ser vistos como duros. Así que fomenta el espíritu amable de tu hija. Ten cuidado con lo que tú y tu hijo hacéis delante de tu hija. Cuando mis hijos y yo empezamos con los comentarios groseros en la mesa, por ejemplo, no tardamos en ver que mis hijas se sienten realmente incómodas. Pueden ser igual de groseras cuando están en compañía de otras chicas, pero en compañía mixta quieren que los padres y hermanos respeten su sensibilidad.

Cuando se trata de la composición emocional y las reacciones, las mujeres jóvenes son todo lo que tú no eres.

No esperes que actúen o reaccionen como lo harías tú. Las chicas generalmente necesitan un tipo diferente de sistema de apoyo antes de dar un paso adelante y hacerse cargo.

Las mujeres jóvenes suelen ser sensibles, amables y menos agresivas. Les gusta la seguridad y hacen todo lo posible por no alterar la situación.

. . .

Los chicos son más atrevidos y se arriesgan porque su ego les permite vivir negando que les puedan pillar. Por tanto, atiende a la naturaleza de tu hija. Dale un buen apoyo paterno y protege su sensibilidad.

Mi hija mayor, Jennifer, es la atleta más agresiva de mi familia. Odia perder contra cualquiera, sea hombre o mujer.

Sin embargo, a pesar de todo eso, es una mujer. Quiere que sus hermanos y yo respetemos su feminidad. Me destroza en una carrera a pie, y luego se da la vuelta y me considera la persona más fuerte. Emocionalmente necesita sentirse segura y competente, pero también necesita la seguridad de mi posición paterna. Jennifer es una líder entre las mujeres y tiene los dones y habilidades para dirigir a los hombres. Sin embargo, algo en ella quiere la aprobación de su padre.

Por lo tanto, sea un padre activo y presente para sus hijas.

Demasiadas niñas crecen y se casan con un hombre que se convierte en una figura paterna.

. . .

Si una chica tiene la atención centrada y la participación constante de su padre, buscará con más confianza un compañero que sea un verdadero socio y no un padre sustituto.

Esté preparado para las respuestas emocionales de las jóvenes que pueden confundirle y reconozca que la lógica no es la solución a todos los problemas. Cuando se produzcan arrebatos emocionales, mantén la boca cerrada y disfruta del viaje. Asegúrate de que tu hija come de forma equilibrada, comprueba el calendario y sé una buena caja de resonancia. Las emociones y las hormonas forman parte de la química de ser una mujer joven. Los hombres jóvenes también tienen hormonas, pero su respuesta es totalmente diferente. En lugar de derrumbarse, se pelean. Es una cosa de testosterona. Llegaremos a eso en el próximo capítulo.

Al considerar las diferencias emocionales entre las hijas y los hijos, piensa seriamente en las necesidades de una niña en el ámbito de la seguridad. A todos nos gusta la sensación de comodidad y seguridad, pero esto puede ser más pronunciado con su hija. Mis hijos respondieron a la realidad del divorcio con cierta ira generalizada hacia las mujeres. Mientras tanto, mis hijas sufrieron algo de ira hacia su madre.

. . .

Pero se enfrentaron a un problema diferente a largo plazo: un miedo específico. Mis dos hijas tienen miedo al fracaso en sus relaciones.

Mi hija mayor teme especialmente tomar decisiones equivocadas en una relación romántica, similares a las que podría haber tomado su madre. Si mamá pensó que te amaba y se equivocó, ¿cómo puedo saber si estoy realmente enamorada? se pregunta Jennifer.

Es una pregunta difícil y no tengo una buena respuesta. Animo a mi hija a que confíe en su juicio y a que rece, pidiendo a Dios que la guíe hacia el hombre adecuado. Le recuerdo que, al haber experimentado la tragedia del divorcio en su propia familia, ahora entiende las posibles trampas y peligros del matrimonio. Por lo tanto, cuando algún día se acerque al matrimonio, será muy consciente de los posibles resultados y estará mucho mejor preparada para comprometerse a fondo con su marido. Le recuerdo que cualquiera puede encallar emocionalmente en una relación.

Antes de casarse, todavía tiene la libertad de romper con una relación imprudente. Antes de hacer los votos sagrados, no hay ningún compromiso vinculante que deba cumplir.

. . .

Ninguna hija (o hijo, en realidad) debería sentirse obligada a seguir comprometida con una relación no matrimonial si las cosas han ido mal. Es mucho mejor romper la relación antes de comprometerse con el matrimonio. Pero una vez casada, todo cambia.

No sientas que porque tu propio matrimonio se haya desmoronado no puedes insistir en algo mejor para tus hijos.

Le he dicho a mi hija que, antes de casarse, debe decidir con certeza que no va a renunciar nunca, pase lo que pase.

Abandonar no puede ser una opción. Si toma esa opción en la relación matrimonial, debilitará una estructura que ya tiene garantizado un tremendo desgaste con el paso de los años. Las parejas que triunfan en el matrimonio atribuyen su éxito a dos constantes: el trabajo duro y el compromiso de no rendirse.

Intenta trabajar los miedos con tu hija. Ayude a cualquier pretendiente serio a entender también esos temores y a reconocer las posibles responsabilidades.

. . .

DIFERENCIAS ESPIRITUALES

Al igual que las chicas son diferentes en su constitución física y emocional, también son únicas en su vida espiritual. Los hombres y las mujeres expresan su espiritualidad de forma diferente. Para entender esta diferencia, reclame la ayuda de las mujeres de mayor confianza de su grupo de apoyo espiritual.

Si la madre de su hija no está disponible o no es una cristiana comprometida, su hija podría beneficiarse mucho de tener una mentora espiritual. Pero si una mujer toma a su hija bajo su ala, asegúrese de saber lo que se le está enseñando y vigile de cerca la perspectiva espiritual de su hija.

Cometí el error de confiar a mi hija Sarah a una mujer que tenía buenas intenciones, pero que condujo a Sarah en una dirección que consideré poco saludable. Sarah formaba parte de un grupo de danza de adoración. Poco a poco y sin saberlo, la directora del grupo de baile estaba llevando a estas jóvenes a una lealtad legalista a sus enseñanzas y exigencias de comportamiento. A primera vista, todo era perfecto. Las buenas enseñanzas espirituales eran el núcleo de la presentación de la mujer. Sin embargo, empezó a exigir una adhesión fanática a las políticas que establecía.

Sus enseñanzas se volvieron gradualmente más sentenciosas.

No supervisé la situación de cerca porque supuse que la mujer mantendría una enseñanza bíblica sólida y porque necesitaba ayuda.

Pero una vez que empecé a involucrarme, encontré un serio desequilibrio en la enseñanza que mi hija estaba recibiendo.

Me tomó muchas charlas y mucha enseñanza y lectura bíblica con mi hija para volver a ponerla en un camino equilibrado.

"Instruye al niño en el camino que debe seguir". No abandone su responsabilidad de enseñar a sus hijas lo que las convertirá en mujeres piadosas, Busque ayudas de estudio bíblico apropiadas para la edad de las niñas, y luego póngase en la brecha para sus jóvenes.

. . .

Trate a sus hijas con comprensión

Como los niños y las niñas son diferentes, debes tratar a tus hijos e hijas de forma diferente. Este consejo puede parecer de simple sentido común, y lo es. Pero en el ajetreo de criar a nuestros hijos, a menudo olvidamos que nuestras hijas tienen necesidades especiales. Si tu hijo te pregunta "¿Cómo es que te gastas tanto dinero en todos esos trastos femeninos y no me compras un cartucho nuevo para mi GameBoy?", dile que lo justo no siempre es igual y que quieres a todos tus hijos por igual.

Si dos pacientes fueran al médico, uno con un brazo roto y el otro con un dolor de cabeza, y el médico les diera a cada uno dos aspirinas, eso sería lo mismo, pero difícilmente lo que se necesita.

La naturaleza de la necesidad determina la naturaleza de la respuesta. Haz saber a tus hijos que lo justo significa hacer lo que es correcto para cada niño.

Cuando mis hijas fueron a su primer baile, les di algo especial para que se pusieran en el pelo y se sintieran más atractivas. Les hice fotos.

. . .

Cuando llegaron a casa, había una rosa especial en su almohada con su color favorito para recordarles que papá les quería.

Cuando mi hijo mayor fue a su primer baile, le di un ramillete para que se lo diera a su pareja. Le di unos cuantos dólares para que los llevara por confianza. Cuando llegó a casa, hablamos de las chicas y de la banda.

¿He sido justo? No lo sé. Estaba siendo un padre.

4

Usted y su hijo

Cómo identificar las cosas especiales que necesitan los niños

Habiendo considerado los retos a los que se enfrentan los padres en la crianza de las niñas, probablemente estarás pensando: ¡Hijos, no hay problema! Al fin y al cabo, todos somos hombres.

Piénsalo bien. Criar a los niños como padre soltero requiere tanto cuidado y atención a las necesidades especiales de un niño como criar a las niñas. Tú eres el principal modelo de tu hijo. Los niños se convierten en hombres jóvenes, y los hombres jóvenes reflejan a sus padres. Tus emociones, pasiones y carácter se reflejarán en alguna parte de la vida de los hijos que estás criando.

. . .

Esto es realmente genial, lo sé. Una versión junior de ti que se convierte en un joven, que sale a hacer el bien y a resolver los problemas del mundo. Pero si somos completamente honestos con nosotros mismos, también tenemos que reconocer el lado negativo, nuestros rasgos menos estelares.

Nuestros hijos no eligen: Reflejan tanto nuestros vicios como nuestras virtudes.

Teniendo esto en cuenta, tenemos que tomar prestada algo de sabiduría de la Octogésima Segunda Aerotransportada: es esencial que reconozcamos nuestras debilidades.

Somos hombres. Somos fuertes y no tenemos miedo. Somos ruidosos y orgullosos. Y, oh sí, tenemos algunas deficiencias.

Mientras escribo esto, hay tres hombres y dos mujeres en mi casa. Si los chicos y yo decidimos que estamos enfadados, hay suficiente testosterona en la habitación como para drogar a un caballo de carreras. No sólo es una combinación combustible cuando los varones de la familia empiezan a alimentarse de las emociones de los demás, sino que es suficiente para llevar a las mujeres de la habitación a las lágrimas o a la rabieta. Así que ten cuidado con la lenta combustión de las emociones; no sólo te afectan a ti, sino también a toda tu familia.

Mamá ausente

Tras el divorcio, la recuperación de tu hijo reflejará tu propia recuperación. Si estás enfadado, él estará enfadado. Si perdonas, con el tiempo él también perdonará.

El primer problema que encontré con mis hijos fue su terrible soledad tras la marcha de su madre. Inmediatamente, tanto mi hijo de seis años como el de trece sintieron el vacío. Cada uno de mis hijos necesitaba a su madre de forma personal. En primer lugar, necesitaban el cariño y el toque femenino que ella aportaba. Esto pone de manifiesto una vez más la necesidad de que los padres trabajen horas extras en el tema de la crianza. Era comprensible que los niños echaran de menos a su madre, pero lo que les llevó a ello fue totalmente confuso.

. . .

Mis hijos expresaron su soledad de varias maneras. Mirando hacia atrás, veo que parte de su reacción fue como la mía. A mi manera, sentía pánico ante la realidad de haber sido rechazado por la mujer que me había prometido amor para toda la vida. Para tratar de mitigar el dolor del rechazo y la soledad, me encontré con varias mujeres disponibles. Trabajaba en un teatro como director artístico residente. Había un grupo de mujeres disponibles, y al principio buscaba constantemente su atención. Salía después de los ensayos a tomar un café, las invitaba a cenar, quedaba con ellas por la noche... cualquier cosa para tener compañía femenina.

Ron, un buen amigo y padre soltero cuya esposa lo dejó unos años antes de mi propio divorcio, vino a rescatarme.

Me dijo que dejara de experimentar con nuevas relaciones románticas. Una vez que se me pasó el pánico, seguí su consejo y empecé a concentrarme en ocuparme de mis responsabilidades en casa. Pero para entonces, había dejado a mi paso una serie de mujeres confundidas y heridas, todas ellas enfadadas conmigo y algunas demasiado jóvenes para mí. Había actuado como un niño en lugar de ser el hombre que mis hijos necesitaban que fuera.

. . .

Ron había pasado por lo mismo y había sobrevivido. Me enseñó las cosas buenas que había aprendido, y yo estaba dispuesto a ponerlas en práctica en mi propia vida. Aunque Ron sólo tenía a sus hijas los fines de semana alternos y en vacaciones, había conseguido mantener la perspectiva de que los padres tienen que ser padres, y no tipos hambrientos de romance que salen a jugar al campo.

De hecho, papá necesita serlo aún más mientras la familia se recupera. Necesitaba estar en casa para asegurar a mis hijos que el barco no se iba a hundir y que había una persona responsable al timón. Quería emular a Ron, que se quedaba en casa incluso cuando sus hijas estaban con su madre.

Quería estar allí por si sus hijos necesitaban llamar y escuchar su voz, por si querían tener la seguridad de que papá les quería y estaba ahí para ellos, aunque fuera a distancia.

La necesidad de atención

Como ya se ha dicho, los niños siguen a sus padres tanto para bien como para mal. Mis hijos, que luchaban contra su soledad, siguieron mi ejemplo y se aferraron a sus propios sustitutos. En el caso de mi hijo menor, fue su profesora.

Buscaba su atención y aprobación. Con el tiempo, su necesidad de atención se convirtió en algo abrumador tanto para él como para su agobiada profesora. Cinco años después, sigo ayudándole a no agobiar a sus profesores con sus propias necesidades.

Los profesores fueron muy amables. Querían a Nico, le guiaban y le enseñaban. Si la mitad de sus alumnos proceden de hogares monoparentales, imagina la carga que llevaban estos profesores. Así que, papá, envía al profesor de tu hijo una nota de agradecimiento. Y programe una reunión con ella (o él) para saber más sobre su hijo. Muérdete la lengua y toma en serio lo que el profesor ha observado.

Esta información es muy valiosa para la autoevaluación y también para identificar necesidades en la vida de tus hijos.

Puede que tus hijos no se comporten en tu presencia, pero sí lo harán en la escuela. El profesor de tu hijo podrá ayudarte a detectar muchas de sus necesidades especiales.

Un hijo necesita equilibrar su necesidad de aprobación femenina con la realidad de que su madre está ausente o, como mínimo, menos disponible que antes. Animé a Nico a llamar a su madre en cualquier momento, de día o de noche. (Esta es otra razón para no denigrar a tu ex mujer delante de tus hijos. Ellos necesitan a su mamá). Además, tuve varias discusiones con Nico delante de sus profesores para decirles que entendíamos su necesidad de aprobación.

Le dijimos abiertamente que era porque estaba tratando de llenar el vacío dejado por su mamá. Luego le animamos a que buscara la aprobación de su profesor aplicándose a sus tareas escolares y no acudiendo a la mesa de la profesora con preguntas para llamar su atención. Los profesores siempre añadían, sin incitación, "Nico, sabes que te quiero".

Y lo decían en serio.

Para que la profesora se sintiera libre de expresar su afecto de una manera que fuera cómoda para ella y para Nico, le di mi permiso para dar a mi hijo una caricia o un abrazo si lo consideraba apropiado. En el mundo actual de las demandas y la confusión sexual, es comprensible que muchos profesores decidan no mostrar ninguna atención física a un alumno. (De hecho, en muchos distritos escolares, los profesores tienen instrucciones de no tocar a los alumnos de ninguna manera). Nico necesitaba un contacto femenino seguro. Para mí, un apretón de hombros de una maestra de primer grado parecía un buen compromiso. Por otro lado, si mi hijo mayor (un adolescente) llegara a casa con el perfume de su profesora en la camisa, empezaría a preocuparme.

Nunca permitiría que ninguno de mis hijos viajara solo en un coche con un profesor o que saliera del campus con un profesor sin acompañamiento. Esto no es seguro ni para tu hijo ni para el profesor. Sigue el consejo de Robert Frost: "Las buenas vallas hacen buenos vecinos".

Establezca los límites adecuados para proteger a su hijo y a las mujeres importantes en su vida.

Anote los nombres y las funciones de las mujeres importantes en la vida de sus hijos, y vaya a verlas. Esto incluiría a las madres del vecindario, a los maestros, a los voluntarios de los Boy Scouts y a los trabajadores juveniles de la iglesia.

Pida su ayuda para supervisar y ayudar a sus hijos. Yo le pedí a la madre de un buen amigo de mi hijo menor que me ayudara. Para Nico y para mí, ella es para siempre la madre de John Bill. El amigo de Nico, John Bill (un chico con un buen apodo tejano de dos nombres), asistía a la misma iglesia que nosotros. Vivían a la vuelta de la esquina, a una distancia segura para caminar. Nico solía pasar por su casa de camino a casa desde el colegio con el pretexto de visitar a John Bill. Por supuesto, con cada visita buscaba un abrazo de la madre de John Bill. Junto con las galletas y la leche, esos abrazos eran un regalo de Dios. Si tu hijo no tiene cerca una mujer segura y cariñosa como la madre de John Bill, búscale una.

Las necesidades de un hijo mayor

Mi hijo mayor, Ian, tenía trece años cuando su madre se fue, y su pánico era mucho más parecido al mío. Reaccionaba ante cada mujer que visitaba nuestra casa, incluso ante las que no eran más que amigas casuales. Estaba tan ansioso por tener una mujer en nuestra familia que buscaba la atención de la mujer y se acercaba a sus hijos. Este patrón se convirtió en la mayor motivación para que yo controlara mi comportamiento en las citas. Veía mi pánico reflejado en mi hijo mayor, y percibía que estaba compitiendo por las atenciones de algunas de las mujeres con las que intentaba salir.

. . .

Me di cuenta y dejé de tener citas durante un tiempo.

Mantuve a las amigas -al menos a aquellas en las que tenía algún interés romántico- a distancia y lejos de mis hijos. Una vez que tomé esa decisión, las emociones y el pánico de mi hijo mayor se calmaron.

Aun así, un niño de trece años es capaz de formar sus propias relaciones femeninas. Me parecía que Ian era demasiado joven para salir con alguien, pero los romances en el patio de la escuela ocurren tanto si hay citas como si no. Era hora de ser sincero con mi hijo.

Ian y yo salíamos con frecuencia a hacer cosas juntos.

Mientras salíamos, me aseguré de sacar a relucir el tema de sus sentimientos hacia las chicas y las mujeres, y me utilicé a mí misma como buen y mal ejemplo. Le expliqué mi pánico.

Le hablé de la sobrecompensación para satisfacer la necesidad que ambos teníamos de la atención de una mujer.

. . .

Le animé a tener cuidado en sus relaciones con las chicas.

Siempre le preguntaba quién le gustaba y mantenía los oídos abiertos para conocer su actual enamoramiento.

Cuando escuches a tu hijo, es importante que no le interrumpas; simplemente deja que se exprese plenamente.

Saltar demasiado rápido con consejos sobre las relaciones no suele ser bien recibido. Toma nota mentalmente y dale el consejo en otro momento en el que no debas estar sólo escuchando. Además, te estás recuperando de un divorcio. Tal vez tus consejos necesiten un poco de análisis antes de que se los des a tu hijo. Mantén la credibilidad siendo honesto con tus hijos sobre tus propios fracasos. La rutina del padre sabelotodo no va a funcionar, especialmente si te has estrellado recientemente. Así que sé comprensivo y escucha con atención. Toma notas, si es necesario, y responde en otro momento especial.

Con Ian, lo principal que teníamos que establecer era el respeto hacia las chicas y las mujeres. El respeto tiene un significado real para Ian debido a su formación en artes marciales, que exige que cada alumno se respete a sí mismo y a su oponente, así como a su maestro. En las artes marciales, las reglas del combate rigen lo que se puede y no se puede hacer durante la competición. Del mismo modo, Ian sabía que respetar a las mujeres significaba respetar unos límites claros y necesarios. Decidimos trabajar juntos en esto ejerciendo el equilibrio y la honestidad. Le escuché no sólo cuando me hablaba de sus relaciones, sino también cuando me daba consejos sobre las mías. Me llevó tiempo, pero aprendí a escuchar y compartir, y ambos ganamos sabiduría en la forma en que buscamos la atención femenina.

El padre consciente

Involucrarse e intimar emocionalmente como padre no significa convertirse en un señor blando o "feminizar" su enfoque paternal. Tu objetivo es lograr un equilibrio de compasión, perspicacia, fuerza y flexibilidad. Esto es casi imposible de hacer si se es padre de forma aturdida. Con demasiada frecuencia, los hombres creen que ser padre es tan natural como caminar. De hecho, es tan natural como golpear una pelota de golf en un pequeño agujero desde una gran distancia. Ser padre de un hijo, al igual que jugar al golf, es un arte que se aprende y que requiere una conciencia aguda de todas las pequeñas cosas que intervienen en el proceso. La compasión, la perspicacia, la fuerza y la flexibilidad son el resultado natural de ser un padre altamente consciente. Prestar atención a tu relación con tu padre y a su relación con su padre forma parte de esta conciencia. Tomarse el tiempo y desarrollar la percepción para comprender lo que siente tu hijo también forma parte de esta conciencia. Escuchar los comentarios que recibes de tu mujer, de tus hijos y de otras personas es otra forma de convertirse en un padre consciente.

Algunos hombres desdeñan la crianza consciente de sus hijos porque ceden esta responsabilidad a sus esposas. No puedo dejar de insistir en el error que esto supone. No es que las mujeres no desempeñen un papel importante en el desarrollo de sus hijos.

Se trata simplemente de que una madre, por muy cariñosa y hábil que sea como madre, no puede sustituir completamente a un padre. Las madres solteras a menudo se ven obligadas a ser a la vez madre y padre de sus hijos, pero con la misma frecuencia hacen un mejor trabajo con sus hijas que con sus hijos.

Cindy es una madre divorciada y he estado trabajando con ella y su hijo, Connor. Recientemente, Cindy estuvo en mi consulta fuera del hielo para hablar de por qué el deporte es tan importante para su hijo. Me dijo: "Siempre me duele el corazón cuando tengo que jugar a la pelota con Connor y me dice que no la lance como una chica.

Le digo que soy una chica, y su cara siempre parece triste cuando se lo digo.

Siempre hay un hueco para él con otros chicos porque yo no puedo ser su padre". Connor también es muy consciente de las limitaciones de su madre y del padre ausente en su vida.

El padre de Connor se niega a verlo hasta que Cindy reduzca la manutención que tiene que pagar. Aunque Connor se muestra estoico ante la ausencia de su padre en su vida, se está cobrando un importante peaje psicológico.

Connor tendrá que trabajar muy duro en su edad adulta para superar esta imagen negativa de su padre y de los hombres en general.

Será muy difícil para Connor abrazar su masculinidad con una imagen tan dañada de su padre, que a nivel psicológico representa a todos los hombres. De hecho, tendrá suerte si no crece como un joven enfadado, un destino demasiado común de los chicos sin padre.

Relato esta historia no sólo para criticar a los padres que se ausentan físicamente, sino también para advertir a todos los padres sobre los peligros de distanciarse de sus hijos.

Cuando los hombres están emocionalmente ausentes -cuando son padres inconscientes- causan daños psicológicos a sus hijos. En la década de 1950, el psicólogo Robert Sears, especialista en desarrollo, y sus colegas examinaron las prácticas de crianza de más de 300 padres estadounidenses cuando sus hijos tenían cinco años. Veintiséis años más tarde, otro grupo de investigadores evaluó a estos jóvenes adultos del estudio original para valorar su nivel de empatía y compararlo con las conclusiones originales de Sears. Los investigadores descubrieron que el predictor más potente de la empatía en la edad adulta era la participación paterna en la crianza de los hijos a los cinco años. Este factor resultó ser un mejor predictor que varios predictores maternos y fue igualmente evidente para niños y niñas. En un tercer estudio de seguimiento de este grupo original, estos niños tenían ahora 41 años de edad.

Los adultos que declararon tener relaciones sociales satisfactorias y plenas en la madurez -tener un matrimonio largo y feliz, tener hijos, participar en actividades recreativas con otras personas fuera de la familia- fueron los que habían experimentado más calor paterno durante la infancia. Estos estudios señalan claramente el inestimable papel que desempeñan los padres en la familia y en el desarrollo a largo plazo de sus hijos. Aunque estos estudios identifican el beneficio de la paternidad consciente, no tienen mucho impacto en la mayoría de los hombres.

Afortunadamente, el movimiento masculino ha hecho un buen trabajo de concienciación de los hombres. El movimiento masculino se encuentra más o menos en el mismo punto en el que se encontraba el movimiento femenino hace 30 años. El proceso acaba de empezar, pero ya vemos a hombres que amplían su papel de padre más allá del tradicional de proveedor. Reconocen que el enfoque de los años 50 de "el padre sabe más" es un anacronismo, que tienen que ir más allá de la noción de padre como dispensador de sabiduría desde lo alto. En lugar de dar por sentada la responsabilidad de ser padre, los hombres tienen que abrir los ojos y la mente a lo que realmente implica esta responsabilidad. El siguiente ejercicio de concienciación será un buen comienzo para lograr este objetivo.

Verdadero o falso: Aprender la verdad sobre las relaciones padre-hijo puede ayudarle a ser un mejor padre

Los mitos y las ideas erróneas sobre la paternidad suelen impedir que los hombres desarrollen la conciencia necesaria para ser buenos padres. Como he sugerido, los hombres suscriben todo tipo de mitos y conceptos erróneos. Para desterrarlos, la primera verdad que todo hombre debería tener en cuenta es ésta: *Los padres importan*. Es imposible sobrestimar el impacto de los padres en el desarrollo de sus hijos hasta la edad adulta, en su felicidad y éxito como adultos, y en su capacidad para ser buenos padres cuando tengan hijos.

El siguiente cuestionario de verdadero-falso te permitirá hacerte una idea de cuánto sabes sobre ser padre de tu hijo.

Si se equivoca en las respuestas, no se desanime. La mayoría de los padres nunca recibieron un curso de paternidad y, sobre todo, nunca se les enseñó a ser padres de sus hijos. El resto de este libro le ayudará a pasar esta prueba de paternidad con éxito.

Verdadero o falso

1. Los padres y las madres desempeñan básicamente el mismo papel en la crianza de los niños.

. . .

2. Los hijos aprenden a ser asertivos y seguros de sí mismos de sus padres y la inteligencia emocional de sus madres.

3. Los padres biológicos tienen una influencia mucho mayor sobre sus hijos que los padrastros u otras figuras paternas no biológicas.

4. Los hombres pueden superar un pasado sin padre.

5. Los padres afectan a sus hijos durante toda su vida.

6. Los adolescentes no necesitan a sus padres tanto como los niños pequeños.

7. Es imposible que los hombres aprendan algo de los padres que odiaron.

8. No todos los niños anhelan una relación padre-hijo positiva.

. . .

9. Las heridas que los hombres sufren como hijos les impiden ser buenos padres.

10. Muchos chicos no prestan mucha atención a sus padres.

11. Aunque los hombres deberían evitar cualquier tipo de abuso físico hacia sus hijos, una cierta cantidad de abuso verbal es parte natural de una relación padre-hijo.

12. La mayoría de los niños se ven afectados por la tensión entre padres y madres.

Respuestas

1. *Falso.* Los padres sirven de modelo para sus hijos, al igual que las madres sirven de modelo para sus hijas. Aunque las madres pueden proporcionar a sus hijos un fuerte apoyo y ayudarles a desarrollar buenos valores, no pueden pretender ser algo que no son. Por ejemplo, la capacidad de un hijo para ser un buen marido y padre está directamente relacionada con su relación con su propio padre mientras crece.

. . .

2. *Falso.* Las tres emociones primarias son el amor, la tristeza y la ira, y cuanto más pueda un padre comunicar estas emociones a su hijo de forma saludable, más podrá éste desarrollar su inteligencia emocional.

3. *Falso.* La paternidad va más allá de la biología. De hecho, *padrastro* es un término legal, no relacional. Si usted es la principal figura masculina en la vida de un niño, es quien tendrá la mayor influencia sobre él y sobre su desarrollo.

4. *Cierto.* No tener un padre o tener una relación horrible con él no te condena a repetir el pasado con tu propio hijo. Puedes hacer los cambios necesarios en ti mismo para dar a tu hijo lo que nunca recibiste de tu padre. Por supuesto, hacer estos cambios significa comprometerse a ser un padre presente y consciente.

5. *Cierto.* Incluso después de tu muerte, tu hijo se verá afectado por tu relación con él. Independientemente de lo que los chicos digan a sus padres -por ejemplo, "nunca seré como tú"- o de lo mucho que intenten distanciarse cuando son adolescentes, les afecta profundamente quién eres y cómo te relacionas con ellos.

. . .

6. *Falso.* Parece que los adolescentes no necesitan a sus padres. En realidad, tienen un deseo inherente de una relación fuerte.

7. *Falso.* En terapia, los hombres pueden superar el odio hacia sus padres y aprender de ellos.

El análisis de la relación padre-hijo puede aportar muchas ideas que ayudarán a los hijos a realizar ajustes positivos en su vida y les ayudarán a ser mejores padres.

8. *Falso.* A veces, algunos chicos parecen no necesitar a sus padres, especialmente tras un amargo divorcio. También hay chicos que parecen ser tan independientes o estar tan cerca de sus madres que crean la ilusión de que la relación con su padre no tiene importancia. En realidad, todo hijo busca y requiere esta relación.

9. *Falso.* Crecer con un padre conflictivo y abusivo no es una razón para repetir los pecados del pasado o convencerse de que estás condenado a ser un fracaso como padre. He visto a muchos hijos de hombres tiranos e incluso gravemente perturbados convertirse en magníficos padres, principalmente porque abordaron sus heridas

emocionales en lugar de negarlas o fingir que no eran tan graves.

10. *Falso.* Los niños observan a sus padres como halcones, aunque también pueden haber desarrollado la habilidad de observarlos subrepticiamente. Los chicos son muy sensibles incluso a los matices de las palabras y acciones de un padre, e incluso un pequeño tic facial de aprobación o desaprobación se magnifica desde su perspectiva.

11. *Falso.* En cierto modo, las palabras crueles cortan más profundamente que los golpes físicos. El comportamiento abusivo es la incapacidad de comunicar sus sentimientos con palabras de manera constructiva. Aunque todo padre pierde los nervios con su hijo en alguna ocasión, el abuso verbal va más allá del simple enfado y está diseñado para infligir dolor.

12. *Verdadero.* Un gran error es creer que sólo el divorcio causa daños psicológicos a los niños. De hecho, la tensión y el conflicto a largo plazo pueden ser incluso más perjudiciales para los niños que el divorcio.

Separar la realidad de la ficción puede ayudarte a ser un mejor padre para tu hijo. El conocimiento puede ser un poderoso aliado en tu búsqueda para formar una relación más fuerte con él, por lo que el siguiente paso implica explorar tu pasado y conocer a tu padre de formas que nunca conociste de niño.

CÓMO LIDIAR CON LA IRA

La ira es una emoción secundaria, normalmente una respuesta externa al dolor emocional que estamos experimentando. Con mi divorcio, esperaba que hubiera ira, y la hubo. Sin embargo, el mayor enfado llegó años después. Era un enfado que ardía lentamente.

La ira también fue un problema para mis hijos. Si tu mujer se ha ido, tus hijos se enfadarán con las mujeres. Así que estate atento.

En el caso de Ian, mi hijo mayor, fue más rápido que con Nico. Ian se enfadó de inmediato. Esto era bastante obvio y fácil de tratar. Las cuestiones más sutiles de la ira se expresaron con el tiempo y al principio se representaron con las hermanas de Ian. Existe algo así como tener demasiado "hombre" en un hogar. Sabes que has llegado a ese punto cuando tu casa empieza a parecer un pabellón de caza o una casa de fraternidad. Ya hablaremos de eso más adelante. Pero también es fácil tener demasiada actitud masculina en una casa. Aunque nunca he sido una antifeminista de los derechos de los machos, en mi propio dolor por el divorcio empecé a notar que salían de mi boca algunos comentarios poco saludables del tipo "los hombres son el sexo más fuerte". Los comentarios sobre el egocentrismo de la mujer o que las mujeres son más emocionales que racionales son lo suficientemente dañinos cuando se ofrecen con ligereza en un entorno saludable. Cuando las emociones se ven afectadas después de un divorcio, estas mismas afirmaciones pueden dejar cicatrices duraderas en los niños que escuchan a su padre hablar sin parar.

Una noche, al ver los resultados de las elecciones, me desquicié al escuchar un comentario sobre la posibilidad de que Hillary Clinton fuera una buena candidata para ser la primera mujer presidenta.

Calumnié a todo el género femenino al comentar las "cualidades femeninas" que hacían que una mujer no estuviera preparada para dirigir el ejército durante una crisis nacional o internacional. Cuando pienso en ello, me suenan frases como "demasiado compasiva" y "temerosa de actuar con fuerza". Tuve que volver atrás y disculparme con Ian al darme cuenta de que estaba bebiendo cada palabra destructiva.

Para colmo, Nico estaba destrozado. Su héroe militar de todos los héroes era Juana de Arco.

. . .

¿Había destruido su respeto por esta valiente mujer? Hace poco me sentí aliviada cuando leí un trabajo de historia de sexto grado que Nico había escrito en el que afirmaba que la figura de la historia que más le gustaría ser es Juana.

Supongo que perdonó mi ignorancia.

Mientras tanto, mi hijo Ian escuchaba cada comentario absurdo que hacía sobre las mujeres, y rápidamente se convirtió en el chico del cartel de una nueva organización, Hombres contra la igualdad de derechos para las mujeres.

Su público eran sus dos hermanas, y su objetivo era meterse en su piel haciendo comentarios absurdos.

Expresaba un sentimiento machista, como "Las mujeres deben estar en la cocina, así que, Jennifer, ¡métete en la cocina y hazme la comida!". Esto era especialmente absurdo teniendo en cuenta que siempre he sido el padre que más trabajo hacía en la cocina. Y enmascarando en parte el enfado de Ian, estaban sus intentos poco convincentes de hacer que estas declaraciones parecieran humor.

. . .

Jennifer, la hermana mayor de Ian, lo ignoraba o simplemente le decía dónde meterse. Pero Sarah, mi hija menor, caía directamente en la trampa. Nunca podía escapar del teatro del absurdo de Ian sin que le dolieran los sentimientos, además de levantar la voz y enfadarse mucho.

Tan estaba actuando por el dolor y la decepción que le produjo la marcha de su madre, y dirigía esa ira hacia sus hermanas. Parecía sentir la necesidad de castigar a sus hermanas simplemente porque eran mujeres.

'Esto era injusto para mis hijas, por supuesto, pero si me apresuraba a detener a Ian por completo, estaría enviando el mensaje de que sus sentimientos no eran válidos. En cambio, si no lo detenía, sus hermanas sentirían que yo estaba de acuerdo con Ian en que las mujeres eran inferiores. Elegí un punto intermedio y corregí a Ian delante de sus hermanas. Reconocí que sus heridas probablemente le habían hecho sentir cierta ira hacia las mujeres y que podía ver que estaba dirigiendo esa ira hacia sus hermanas.

Le dejé claro que entendía su ira y su dolor. Luego le señalé que los comentarios hirientes no iban a sanar su propia herida. Él solía responder que sólo estaba presionando a sus hermanas. En lugar de intentar convencerle de que tenía razón, simplemente lo dejé ahí y seguí adelante, sabiendo que había dejado claro mi punto de vista.

Además de hablar de estos temas delante de mis hijas, también entraba regularmente en la habitación de Ian después y le preguntaba: "Hijo, ¿realmente piensas así de las mujeres?". Entonces solía disparar directamente, y yo podía recordarle que debía mostrar más respeto cuando hablara delante de sus hermanas. También le confesaba a Ian mi propia culpa por hacer comentarios negativos similares, para que supiera que entendía sus sentimientos. Con el tiempo, los comentarios injustificados de mi hijo se disiparon.

A medida que Ian ha ido creciendo, he tenido varios puntos de control en los que le cuestiono sobre sus sentimientos hacia las chicas. Las preguntas suelen ser sutiles. "¿Cómo te va con la chica con la que sales?". Entonces escucho no sólo su respuesta, sino también el tono y las sutilezas que hay detrás de su respuesta. En resumen: Parece haber desarrollado un sano respeto por las mujeres como personas.

. . .

Mantener una comunicación abierta y honesta ha sido muy valioso.

La necesidad de atenuar el instinto

¿Existe tal cosa como demasiado hombre? Claro que sí.

Cualquier hogar habitado por hijos e hijas puede convertirse en un lugar con demasiado hombre. ¿Qué quiero decir con eso? Pues que yo misma derribé una pared de mi casa y creé el Café Plumpp, con luces centelleantes y un escenario de sonido para que mis amigos músicos pudieran pasar a tocar su música. De hecho, si tuviera la oportunidad y sin el equilibrio de los gustos femeninos, probablemente habría recreado Animal House en mi propia casa. En resumen, mi casa necesitaba los toques de confort doméstico, no el ambiente de un club nocturno, necesitaba un toque femenino equilibrado.

Una noche, hacia la medianoche, saqué a Ian de la cama.

Nos dirigimos a un río cercano, donde cargamos mi camión con piedras para decorar nuestro patio. Mientras volvíamos a casa, decidí ignorar la entrada y me detuve en el patio delantero para poder apilar las rocas en forma de cruz.

. . .

Luego vertí un poco de gasolina en el suelo y quemé la cruz para que la hierba no creciera a través de las rocas.

Todavía me imagino a mis vecinos mirando por sus ventanas, oyendo el estruendo, y diciendo: "¿Qué demonios están haciendo ahora?", mientras mis hijas se escondían en sus habitaciones pensando: "Oh no, esto no puede estar pasando".

Algunos hombres podrían preferir un motivo de pabellón de caza o una sala de juegos en el sótano con una mesa de billar, videojuegos y decoraciones consistentes en señales de tráfico y semáforos. ("No estoy sugiriendo que se saquen de la propiedad pública. Puedes conseguirlos en un mercadillo).

Un amigo construyó un humidificador en su armario. No es necesariamente una mala idea, pero ni siquiera fumaba. Solo pensó que sería genial estar preparado en caso de que un amigo quisiera guardar algunos cigarros.

Aunque se trata de cuestiones de gusto personal y no de cuestiones morales, para mi propia familia me di cuenta de que necesitaba crear un hogar más parecido a una casa.

Una cosa es la bohemia y otra la fraternidad. Definitivamente, hay algo que se llama demasiado hombre.

Tus hijas necesitan un lugar donde se sientan cómodas, y tus hijos necesitan aprender a ser caballeros.
   La terrenalidad de un hombre tiene un momento y un lugar, como por ejemplo con otros chicos en una excursión de pesca. Sin embargo, usted quiere que sus hijos sean tanto hombres como caballeros y que sepan cuándo es necesario cada uno de ellos. Como padre soltero, debes evitar exagerar el machismo con tus hijos.

Los jóvenes deben saber que hay un momento y un propósito para la conversación educada. Ciertos tipos de humor, si bien son aceptables con un grupo de chicos sentados alrededor de una fogata, están claramente prohibidos en compañía mixta. Enseña a tus hijos a reservar las expresiones varoniles de opinión y humor para el momento y el lugar adecuados. Es importante que enseñemos a nuestros jóvenes no sólo a limpiar pescado y a disparar a criaturas indefensas del bosque, sino también a mostrar respeto a las chicas y a las mujeres en la forma en que nos comportamos. Reserva las cosas terrenales para los momentos de unión entre hombres.

A mis jóvenes se les pide que lleven camisa en la mesa. Se les pide que eviten hacer referencias a los olores corporales y a los ruidos corporales cuando están en compañía de otras personas. Se les pide que filtren su humor a través de mí antes de hacerlo público alrededor de las chicas. Una respuesta de "Sí señor" o "Sí señora" cuando se habla con los adultos se sigue considerando de buena educación. No lamemos los platos, incluso cuando la salsa es superior.

No bebemos directamente de la jarra de leche, y se desaconseja lanzar cuchillos dentro de casa. Ya te haces una idea.

Los modales se aprenden y varían de una cultura a otra.

Pero, por lo general, nuestra sociedad reconoce prácticas bastante estándar que sirven para evitar que la población masculina vuelva a un estado de pseudobarbarie. Hay buenos libros sobre modales disponibles en la biblioteca, e incluso hay sitios web útiles dedicados al fino arte de la etiqueta.

. . .

Recuerda que en realidad hay dos problemas. Una es la tendencia natural de los hombres a pasar del orden al desorden cuando no tienen mujeres cerca para equilibrar las cosas. La otra cuestión es que tenemos que controlar nuestras reacciones ante las chicas y las mujeres, reacciones que pueden surgir de nuestro dolor y nuestra ira. El impulso de ser hombre puede venir como una sobrecompensación por el daño o el rechazo que sentimos que hemos recibido de la mujer clave en nuestras vidas. Así que hay que buscar el equilibrio.

El miedo al rechazo

A medida que sus hijos crecen, esté atento a cualquier indicador que señale un miedo al rechazo. Aunque el divorcio te haya ocurrido a ti, en realidad también les ocurrió a tus hijos. De hecho, a menudo piensan que fue culpa suya. Si alguien cree que se está quemando, échale agua e intenta razonar con él. Mientras crean que se están quemando, no escucharán lo que intentas decirles.

Apaga primero las llamas, y entonces tendrás la oportunidad de que te escuchen.

. . .

Sus hijos merecen conocer los hechos. En primer lugar, no es culpa suya. Hay que tranquilizarlos, y probablemente más de una vez. Y aunque su madre te haya dejado, haz hincapié en que no ha dejado a sus hijos. Los quiere aunque haya decidido no seguir casada con su padre.

El sentimiento de rechazo de tus hijos es tan grande como el tuyo. Sin embargo, no están tan bien equipados para lidiar con esos sentimientos simplemente porque no han tenido tantos años para desarrollar habilidades de afrontamiento.

Tus hijos llevarán el miedo al rechazo en algún lugar de su psique, así que estate atento. Afectará a sus futuras relaciones si no lo afrontan ahora. De hecho, es posible que no se haga evidente hasta que se produzca en una relación.

Entonces tendrás que sentarte y explicarles cómo el miedo al rechazo puede influir en sus sentimientos hacia la relación.

No invalides sus sentimientos. Ellos sienten lo que sienten.

. . .

En lugar de eso, explique que sus sentimientos pueden estar diciendo "no te involucres" o "no te dejes llevar" cuando en realidad es el momento de hacer justo lo contrario. Hazles saber que sus sentimientos y sus reacciones a lo que sienten pueden tener su origen en el miedo al rechazo.

En el caso de Nico, este miedo afloraba en una compulsión malsana por agradar a las mujeres. Se esforzaba demasiado por causar una impresión positiva. Temía su rechazo, así que intentaba ganarse su aprobación y luego confirmarla una y otra vez. A veces, su excesivo afán pulsaba botones que hacían que estas mujeres reaccionaran con impaciencia. Entonces se confirmaron los temores de Nico: "Sabía que acabaría por dejar de gustarles".

Para Ian, el problema se ha manifestado de otras maneras.

Pasó por un largo periodo en el que no era feliz a menos que el sexo opuesto se fijara en él.

Luego, una vez que entró en una relación, le resultó difícil dejarla ir, incluso después de que la relación se agriara.

Con el tiempo, gracias a mi constante afirmación y a las conversaciones abiertas sobre el rechazo, recuperó su confianza y sus relaciones se establecieron en un patrón más equilibrado y saludable. Sin embargo, cuando finalmente encuentre a su verdadero amor, papá estará ahí para recordarle que debe comprobar sus sentimientos y no olvidar que puede ver cómo algunas inseguridades levantan su fea cabeza; estará ahí para recordarle que confíe en su mujer, que confíe en su amor por él, y que no reaccione de forma exagerada ni sea opresivo en una necesidad constante de ser afirmado.

Para los padres divorciados y los hijos de los divorciados, el miedo al rechazo tendrá que ser controlado siempre. Una sana autoevaluación y la conciencia del potencial del problema contribuirán en gran medida a la prevención.

Así que recapitulemos.

Mamá está ausente, por lo que el hogar ha perdido su influencia feminizadora. El padre tiene que desarrollar una perspectiva más enriquecedora. Puede que también necesite "reclutar" a una amiga -una profesora, una vecina, una líder juvenil de la iglesia- para añadir un toque femenino a la vida de su hijo.

. . .

Los niños necesitarán un poco más de ánimo y atención para redondear el hecho de que echan de menos a su madre. Sé un hombro en el que apoyarse, o llorar, según sea necesario.

Vigila a los chicos mayores. Asegúrate de que se comportan bien con sus hermanas y con las amigas. Puede haber una tendencia a exteriorizar su ira. Hay que recordarles que deben mantener una actitud respetuosa con todas las chicas y todas las mujeres.

Existe algo así como tener demasiado hombre en casa. Así que mantén la mano en la perilla del volumen.

Ayude a sus chicos a superar su miedo al rechazo. Es importante que enseñemos a nuestros jóvenes no sólo a limpiar pescado y a disparar a criaturas indefensas del bosque, sino también a mostrar respeto a las chicas y a las mujeres en nuestra forma de comportarnos. Reservar las cosas terrenales para los momentos de unión de los hombres.

5

Un padre es un padre

Los consejos de las páginas anteriores siguen siendo válidos, incluso si tu hijo no vive contigo o si el niño que estás criando no te llama papá. Si eres la principal figura masculina adulta en su vida, tienes que entender tus problemas con tu propio padre y esforzarte por ser un padre implicado y emocionalmente comprensivo.

También es fundamental que no utilices tus circunstancias familiares no tradicionales como excusa. Demasiados padrastros o padres divorciados se excusan como padres, alegando que su ex mujer o la relación de sus hijos con los padres biológicos hace que su papel no tenga sentido. Esto se convierte en una profecía autocumplida. Si te convences de que no tienes la capacidad de ser un padre para tu hijo, desgraciadamente tendrás razón.

. . .

Por lo tanto, empieza con una actitud positiva. He visto hombres en circunstancias familiares extremadamente difíciles que brillan como padres. Puede que tu ex mujer te hable mal de ti delante de tu hijo o que tu hijastro esté furioso tanto con su madre como contigo por haberle separado de su "verdadero" padre. Sin embargo, si te comprometes a ser un padre cariñoso y presente para tu hijo, es probable que tus esfuerzos den sus frutos en una relación mutuamente gratificante. Tenga en cuenta que los niños necesitan desesperadamente una figura paterna en sus vidas, y el deseo instintivo de un niño por esta relación padre-hijo suele superar cualquier obstáculo que otras personas o circunstancias pongan en el camino.

Para mantener la actitud correcta, echa un vistazo a las siguientes excusas que ponen los padres sobre por qué no pueden ser los padres que quieren ser:

- Mi ex-esposa ha envenenado la mente de mi hijo contra mí.

- Desde el divorcio, mi hijo no quiere saber nada de mí; me culpa de haber roto la familia.

- No puedo ver a mi hijo lo suficiente (debido al acuerdo de custodia) para formar una verdadera relación con él.

. . .

- A mi hijo le gusta más su padrastro que yo.

 - Sólo soy su padrastro, así que no puedo tener una verdadera relación padre-hijo con él, aunque su padre no esté mucho por aquí.

- Como padrastro que nunca ha tenido hijos propios, no sé realmente cómo ser padre.

- Tengo otros tres hijos biológicos que criar; dejaré a mi hijastro con su madre.

- Este es mi tercer matrimonio y el segundo de mi mujer; no puedo ser padre de todos los niños.

No cedas a esta excusa. Tanto si eres un padre divorciado como si eres un padrastro, puedes tener una influencia profundamente positiva en tu hijo si no te empeñas en dar todas las razones por las que no puedes tener esta influencia. Sí, puede que tengas que esforzarte más, pero tienes muchas maneras de hacer que la relación funcione, incluso cuando ha habido un divorcio dificultoso.

Divorcio: seguir participando

El divorcio cambia todas las relaciones familiares, no sólo la que existe entre marido y mujer.

Los niños se ven afectados de muchas maneras diferentes, y el impacto es especialmente pronunciado en lo que respecta al progenitor que no tiene la custodia. Cuando un progenitor que ha sido una constante en la vida del niño se marcha, éste puede sentirse enfadado, resentido, culpable y celoso. Los sentimientos del niño se agravan cuando la tensión entre sus padres aumenta debido a desacuerdos financieros u otros conflictos. Además, los niños se enfadan o se confunden (dependiendo de su edad) cuando mamá o papá empiezan a salir. Como los padres suelen ser el progenitor que no tiene la custodia, suelen ser los primeros en deteriorar la relación con sus hijos y de forma más significativa.

Aunque no tengas control sobre algunos de estos problemas, puedes ser consciente de cómo una determinada situación está afectando a tu hijo. No te pongas una venda en los ojos y asumas que estará bien sólo porque es un buen chico con buenos valores. Tienes que ser muy sensible a sus sentimientos y hacer todo lo posible para evitar causarle un dolor innecesario a causa del divorcio (recuerda que va a tener muchas heridas con las que lidiar por sí mismo). Como mínimo, debes estar atenta a cómo reacciona él ante las distintas situaciones posteriores al divorcio y hacer un esfuerzo por hablar con tu hijo y tu ex mujer sobre ellas.

. . .

Aunque estas conversaciones no siempre son fáciles, son más fáciles que ver a tu hijo alejarse de ti.

Al igual que la calidad de un matrimonio afecta a la relación padre- hijo, la calidad de un divorcio tiene un impacto similar en la relación. En un mal divorcio - que implica continuas discusiones verbales entre la pareja divorciada, continuas peleas legales o un padre (o padres) que habla de su cónyuge en términos negativos- los hijos tienden a alejarse de uno o ambos padres. En los malos divorcios, los padres suelen estar tan angustiados por lo que ocurre que se apartan de la relación. Se debaten entre sus obligaciones legales y relacionales y el deseo de huir de la vergüenza de un matrimonio fracasado. Estos malos divorcios suelen crear hijos sin padre.

A menudo, incluso los padres más preocupados y atentos tienen ganas de abandonar. Esto suele ocurrir cuando la ex mujer de un hombre establece una nueva relación. Puede ser que se vuelva a casar, tenga otro hijo y empiece a construir una nueva vida familiar. En esta situación, los padres suelen sentirse excluidos. Pueden creer que sus hijos quieren más a sus "nuevos" padres que a ellos, que no tienen posibilidad de "competir" porque sólo ven a sus hijos los fines de semana y los padrastros los ven todos los días de la semana, y que la nueva familia parece realmente feliz, mucho más que cuando vivían con sus esposas e hijos. En estos casos, los padres suelen tener un deseo abrumador de aislarse de la familia, incluidos sus hijos. No es que no quieran a sus hijos.

Por el contrario, a menudo sienten que sus hijos estarían mejor sin ellos.

O creen que los padrastros pueden hacer un mejor trabajo de padre que ellos. Por muy difícil que sea, hay que resistir el impulso de poner fin a las relaciones o incluso reducir su participación. Aunque puede ser doloroso ser un visitante en tu propia casa o creer (falsamente) que tu hijo quiere más a su nuevo padre que a ti, aguanta. Tarde o temprano, las cosas mejorarán. Es posible que te vuelvas a casar y formes una nueva familia y ya no te sientas como el hombre raro. Es posible que, con el tiempo, la relación con tu ex mujer mejore; a veces, el rencor que es tan intenso en el período inmediatamente posterior al divorcio disminuye con el tiempo. En algunos casos, la situación financiera mejora, reduciendo la tensión de todos.

Recuerda que la relación con tu hijo depende de tu implicación, incluso si esa implicación es inicialmente dolorosa tanto para ti como para él.

6

No se trata de lo que se discute, sino de cómo se discute

La teoría de los sistemas familiares ha demostrado que la forma de discutir con la pareja, más que el tema, determina la longevidad del matrimonio. Esta teoría también sugiere que la forma en que los adultos se pelean es más importante para los niños que el tema de la pelea, tanto si la pareja está casada como divorciada. Los niños se sienten más angustiados por los conflictos furiosos, físicos y continuamente irresueltos que por el estado civil. Incluso las muestras de enfado pueden ser menos tóxicas y dañinas si usted y su pareja ponen fin al conflicto comunicando que han llegado a una resolución. Aunque no te apetezca besarte y hacer las paces después de una discusión con tu ex, intentar terminar la discusión con una nota de resolución hace que los niños se sientan mucho menos amenazados por la hostilidad que se desató durante la discusión.

· · ·

La naturaleza de las discusiones predice mejor el funcionamiento de los niños que los cambios en el estado civil de los padres. En otras palabras, los investigadores de sistemas familiares han descubierto *que los altos niveles de conflicto marital son predictores más precisos de los problemas de conducta de los niños que la propia estructura familiar (matrimonio, divorcio o familia mixta).* Esto es muy valioso para los padres dentro o fuera de un matrimonio; las discusiones y la tensión crónica con su pareja son altamente improductivas para su hijo. La exposición prolongada a una casa llena de tensiones socava la sensación de seguridad de su hijo, devaluando su sentido de sí mismo y reduciendo las posibilidades de una perspectiva emocionalmente equilibrada. Las continuas peleas con la madre de tu hijo se convierten en el modelo de relación que llevará a todas sus futuras relaciones y especialmente a las románticas.

Quiero profundizar un poco más en por qué las peleas tienen un impacto tan negativo y recomendar una serie de tácticas específicas que ayudarán a los padres a evitar los peores tipos de discusiones y a reducir su número. Para ayudarle a comprometerse a evitar las discusiones viciosas y no resueltas con su ex mujer, piense en lo que pasa por la mente y el corazón de su hijo cuando discuten. Los continuos encuentros nucleares con la madre de tu hijo le exponen a conflictos internos, miedo e inestabilidad emocional. Cuando un padre habla mal de la madre de su hijo, está hablando mal de una parte de su propio hijo. Las discusiones y el patrón de abuso verbal son el equivalente a exponer a su hijo a la radiación nuclear. En muchos casos, los niños (especialmente los menores de 10 años) personalizan el divorcio y se culpan de la ruptura.

Los chicos también son más autocríticos y se autodesprecian cuando sus padres muestran un alto nivel de tensión, ira y conflicto. Los efectos a largo plazo de estas peleas serán evidentes en la vida de tu hijo durante muchos años. En la medida en que puedas contener y redirigir tus sentimientos de resentimiento, rabia y decepción y tu sensación de fracaso y evitar que se manifiesten abiertamente delante de tu hijo, será muy beneficioso para vuestra relación padre-hijo. Puedes detener el ciclo de discusiones. Hay muchas formas creativas de comunicarse con la madre de tu hijo que no son hostiles ni agresivas. Tu capacidad para evitar las discusiones delante de tu hijo o en privado le ayudará con los demás retos. Reconozca que aunque su hijo puede sobrevivir al divorcio sin ningún daño psicológico duradero, no puede sobrevivir a las discusiones crónicas y a la rabia sin verse afectado negativamente. Los hijos aprenden a imitar el comportamiento de su padre, y éste no es el modelo de comportamiento que usted quiere que siga.

Consejos para evitar las tensiones y asegurar la paz

. . .

Aprender a discutir de forma justa y limpia es algo que beneficiará su relación tanto con su hijo como con su ex mujer. Aunque tú y tu ex os hayáis peleado como animales enjaulados durante el divorcio, podéis aprender a discrepar civilizada y constructivamente después. Después del divorcio, tu principal tarea es dedicar toda tu atención a la paternidad.

Esto es difícil de hacer si sigues enfrascado en un síndrome de discusiones interminables. Se necesita energía para participar en batallas con un ex, y estas batallas a menudo te dejarán agotado y desanimado. Es difícil ser un buen padre para tu hijo en estas circunstancias. Recuerda que puedes ser un ex marido, pero nunca vas a ser un ex padre. Por lo tanto, da prioridad al establecimiento de una relación civilizada con tu ex mujer o, de lo contrario, empezarás a sentirte como un ex padre.

La forma en que usted decide divorciarse está fuertemente influenciada por la calidad (o la falta de ella) de su matrimonio. Un tópico cínico: lo que hace que un divorcio sea bueno es un buen matrimonio. La implicación aquí es que si había algún grado de confianza, respeto, buena voluntad y cooperación en torno a la crianza de su hijo antes del divorcio, también lo habrá (eventualmente) después. Obviamente, si su matrimonio fue pésimo desde el principio y usted y su mujer discutían constantemente sobre cómo criar a su hijo, esto se trasladará a la relación posterior al divorcio. Sin embargo, lo más probable es que en algún momento hayan tenido un buen matrimonio. Quizá al principio compartieron una filosofía de crianza similar a la de su esposa y trabajaron bien juntos como padres. Lo que quiere hacer es recuperar la buena voluntad y las creencias de crianza compartidas. Intente centrarse en sus creencias y valores compartidos como padres y utilícelos para guiar sus discusiones.

Si ambos creen en el valor de una educación en un colegio privado, tengan en cuenta ese valor cuando discutan sobre quién pagará esa educación en lugar de hacer acusaciones sobre cómo "su decisión de solicitar el divorcio hace imposible un colegio privado". Sus valores y creencias son poderosos, y si usted y su ex mujer los comparten, pueden ayudarles a tomar decisiones y a discutir los problemas sin rabia ni recriminaciones.

La buena noticia es que puede tomar medidas proactivas para disminuir las probabilidades de encuentros hostiles con su ex mujer. He aquí algunas medidas que mis clientes han comprobado que son eficaces y que pueden ponerse en práctica en el momento en que la relación termina:

- Si te vas a ir, dile a tu hijo que te vas a ir cuando tu mujer esté presente. Vosotros dos habéis hecho a este niño juntos, y él necesita saber que vosotros dos no os vais a divorciar. Por

muy difícil que sea para ti, un esfuerzo conjunto asegurará a tu hijo que ambos queréis que forme parte de vuestras vidas.

No es necesario entrar en grandes detalles sobre las razones por las que os vais, pero sí tenéis que asegurarle que ambos siempre le querréis y estaréis ahí para él.

Con frecuencia, estas salidas son asuntos agrios, en los que los maridos y las esposas se gritan y se culpan mutuamente.

Esto marca el tono de la comunicación posterior al divorcio.

Durante los años siguientes, una de las dos personas se aferra a la despedida como ejemplo de que la otra persona ha metido la pata. También es un acontecimiento traumatizante para un niño.

Por lo tanto, afronta este momento con compasión y consideración hacia tu hijo en lugar de con ira hacia tu mujer. Hazla partícipe del proceso de despedida.

. . .

- *No hables de las condiciones económicas del divorcio con tu hijo.* Muchos hombres están terriblemente resentidos por la cantidad de manutención que tienen que pagar a sus esposas o por cómo se dividieron los bienes. Cuando hablan de estos temas, no pueden mantener la ira y la amargura fuera de sus voces. Aunque creas que puedes controlar tus palabras y tu tono de voz al hablar de este tema con tu hijo, lo más probable es que él perciba rápidamente tu resentimiento. Si le hablas de lo que le pagas a su madre, es probable que le diga que se lo has contado tú, y esto, invariablemente, dará lugar a una feroz discusión. Ella te acusará de hacer ver que te está desangrando, y tú la acusarás de no haberle revelado a tu hijo que no le has dejado tirado ni a él ni a ella.

No pasa nada por hablar de cuestiones no económicas de la custodia, ya que tu hijo querrá saber cuándo y con qué frecuencia le vas a ver. Pero evite los detalles financieros. Si los revelas, llegarán a tu mujer y provocarán una desagradable pelea.

- *Establece un acuerdo de custodia temporal/estándar y de visitas regulares antes de irte.* Me doy cuenta de que esto puede no ser lo que su abogado le dice que haga y que puede estar tan consumido por la ira mientras está empacando sus cosas que siente que no puede ni siquiera pensar racionalmente sobre la custodia y el régimen de visitas. Sin embargo, esta acción no sólo es en el mejor interés de su hijo, sino que es una buena manera de reducir una fuente de tensión entre usted y su esposa. Desde el punto de vista de tu hijo, está ansioso por saber cuándo te verá y con qué frecuencia, y si puedes reducir su ansiedad, os ayudará a ambos a superar la tristeza y el dolor de la ruptura familiar y a reanudar la relación sobre una base sólida. Desde el punto de vista de la tensión, ten en cuenta que las discusiones por estos temas son habituales. Normalmente, tu mujer se quejará de que parece que no tienes tiempo para tu hijo. O se quejará de que ella no le permite verlo lo suficiente. Habrá malentendidos sobre quién lo recoge y cuándo, y habrá casos en los que usted se empeñe en llevarlo a un evento concreto y ella diga que no.

Cuanto más se establezcan las pautas de mutuo acuerdo desde el principio, menos probabilidades habrá de que las cuestiones de las visitas y la custodia sean fuente de discusiones amargas y divisivas. Sin duda, usted estará en desacuerdo con su esposa sobre estos temas en los meses y años venideros, pero el establecimiento de directrices desde el principio disminuye la intensidad de estas discusiones. Si se ponen de acuerdo en los principios básicos, entonces sólo estarán en desacuerdo sobre los detalles, que suelen ser un tema menos explosivo.

. . .

- *Esfuércese por saber todo lo posible sobre su hijo.* De nuevo, esto es beneficioso para usted y su hijo y para la relación con su ex mujer. Si tu hijo siente que estás al tanto de lo que pasa en su vida, estará mucho más receptivo a pasar tiempo contigo.

Sin embargo, algunos padres pierden el contacto con sus hijos después de mudarse. Obviamente, si no estás en presencia de tu hijo a diario, es más difícil estar al tanto de los cambios en su vida. Por lo tanto, tienes que esforzarte por saber qué le pasa en el colegio, si ha empezado nuevas aficiones o ha dejado las antiguas, si ha hecho un nuevo grupo de amigos, etc. Muchas discusiones entre marido y ex mujer empiezan cuando el padre dice algo así como: "¿No se supone que Joey tiene que ir hoy a las clases de natación?", y la madre responde: "Joey dejó esas clases hace 8 meses, lo que demuestra lo mucho que te preocupas por él".

- *Trata a tu hijo como si fuera de la familia y viviera contigo todo el tiempo.* En realidad, todo depende de tu actitud.

Tu hijo sabe leerte bien, y si empiezas a tratarle más como un sobrino al que tienes cariño que como el hijo al que quieres, notará la diferencia. También es posible que le comente a su madre que pareces distante o diferente en algún aspecto, y puedes estar seguro de que su madre te lo comentará. Lo más probable es que reaccione a la defensiva y se produzca una intensa discusión.

- Sé civilizado y circunspecto en tu trato con la madre de tu hijo. Sé que he dicho esto antes, pero vale la pena repetirlo porque a menudo es un gran desafío para los padres ser civilizados y circunspectos. Incluso si sientes que tu mujer es manipuladora, tramposa, codiciosa, y todos los demás adjetivos negativos que se te ocurran, haz el esfuerzo de tratarla con respeto. Ten en cuenta que no se trata de ella ni de ti, sino de tu hijo, y si la atacas, ella te atacará a ti, y tu hijo sentirá que su presencia ha destruido vuestra relación. Os oirá discutir sobre él y sentirá que es el culpable de la animosidad entre vosotros; y si tu mujer y tú os dedicáis a hablar mal el uno del otro, al final puede creer que ambos sois indignos de su respeto.

Intenta ayudar a tu ex mujer a ser la mejor madre posible para tu hijo. Esto significa apoyar sus decisiones siempre que sea posible y recordarle a tu hijo sus buenas cualidades.

También significa evitar las críticas y las quejas sobre ella.

. . .

En concreto, no

- Aproveche el tiempo con su hijo para enumerar todos sus agravios contra su madre

- Acusar a tu mujer de romper la familia y decir que querías seguir casado

- Dígale a su hijo cómo sabía desde el principio que era un error casarse con ella

- Culpa a tu mujer por no poder ver a tu hijo tanto como te gustaría

- Póngase de su lado cuando le diga que su madre no le deja salir hasta tarde, ni comprar un juguete, etc.

- Dile que las cosas serían diferentes si viviera contigo

- Compartir secretos sobre su madre que puede utilizar como palanca para conseguir lo que quiere

. . .

- Animarle a desobedecer a su madre

- Explica que estás pagando suficiente manutención para que ella pueda permitirse comprarle lo que quiera

- Discutir en detalle todos los problemas del matrimonio para ayudarle a ver por qué no iba a funcionar

- *Forme una alianza parental con su ex mujer en beneficio de su hijo.* Las palabras clave de esta alianza son *cooperación, apoyo* y *comunicación.* Este proceso llevará tiempo, pero vale la pena el esfuerzo por el funcionamiento emocional, mental y físico de su hijo. Los padres que son capaces de comunicarse con las madres de sus hijos informan de un grado mucho mayor de satisfacción y conexión emocional con sus hijos. Igualmente, es menos probable que se involucren en las batallas que alarman y alejan a los hijos.

- *Aparecer.* Woody Allen dijo una vez que el 80% del éxito consistía en presentarse. Lo mismo ocurre si eres un padre divorciado.

Tienes asignado un tiempo determinado con tu hijo y debes hacer todo lo posible para no perder ni un segundo. Habrá momentos en los que estés deprimido o sientas que necesitas trabajar o cuando alguien te invite a hacer algo divertido, pero el tiempo con tu hijo siempre debe tener prioridad. Los hombres que no aparecen se ganan la ira de sus ex mujeres, y con razón.

A corto plazo, este horario puede significar que tengas que renunciar a algunas cosas. A largo plazo, significa que obtendrás una enorme satisfacción en la relación con tu hijo.

- *Evite el síndrome del padre de Disneylandia.* En otras palabras, no intentes comprar el amor de tu hijo con viajes, regalos y entradas para conciertos de rock y eventos deportivos. He visto a demasiados padres sustituir las expresiones de amor por cosas. Si estás cayendo en este patrón, probablemente lo estés haciendo para escapar de la tristeza que tanto tú como tu hijo sentís. No funciona. Además, es probable que a tu ex cónyuge le moleste este tipo de gastos, sobre todo si tiene problemas económicos. Lo único que tienes que hacer es *estar* con tu hijo. Hablar con él, comer con él, jugar a la pelota con él. Esto es actividad más que suficiente para establecer una conexión significativa.

- *Siga una rutina.* Las rutinas proporcionan la estabilidad que su hijo anhela, y también le permiten evitar escenas con su ex cónyuge cuando aparece a horas inesperadas o se pierde las visitas programadas. Quizá cada fin de semana pueda programar un desayuno con su hijo a la misma hora y en el mismo lugar. O si tienes un hijo pequeño, podrías jugar a un juego cada vez que lo visites en un día determinado. Tal vez tenga la costumbre de hacer ciertas tareas junto con su hijo. Sea cual sea la rutina, cúmplela.

- *Sé inteligente y prepárate para lidiar con el negocio del derecho de familia.* Esto no significa conseguir un gran abogado de divorcio y tratar de averiguar cómo puede castigar a su esposa. Se trata de ser razonable y tratar de resolver los problemas sin abogados ni comparecencias en los tribunales. Hay casos en los que los abogados son necesarios, pero cuanto menos se recurra a ellos, menos costoso y adverso será el proceso.

Lo último que usted, su esposa o su hijo necesitan en este momento son enormes gastos legales; pueden añadir aún más tensión a una situación ya estresante. Una batalla legal por la custodia, las visitas o la propiedad puede crear animosidad durante años. Por lo tanto, nunca, nunca utilices el sistema legal para vengarte. Intente siempre solucionar las cosas con la madre de su hijo y no con su ex mujer; esta perspectiva hará que sea más fácil llegar a un acuerdo y tratarla con respeto.

. . .

- *Aprenda a gestionar los conflictos con habilidad.* Más del 50% de las madres/esposas divorciadas admiten haber interferido en la custodia y las visitas del padre con sus hijos. Por lo tanto, espere que su ex-esposa juegue con su horario de visitas, acorte algunas visitas y ofrezca razones por las que su hijo no puede estar con usted en un fin de semana determinado.

Puede tener razones legítimas para interferir en su horario, o puede hacerlo con fines vengativos.

En realidad, no importa por qué lo hace. Lo importante es cómo lo manejas. Las habilidades de gestión de conflictos giran en torno a la capacidad de reflexionar antes de reaccionar y de comprometerse antes de condenar. Inclínate por considerar su punto de vista. Puede que no estés de acuerdo con él, pero puede que lo aprecies, y eso te permitirá discutir un asunto con ella sin vitriolo. Intenta encontrar un punto intermedio cuando tengáis desacuerdos en lugar de atrincherarte en tu posición. Si ella parece deliberadamente antagónica, trágate tu orgullo e intenta calmar la situación de tensión. Puede que todo esto no sea especialmente satisfactorio, pero en general es lo mejor para tu hijo.

- *Crea tu propia red de apoyo.* Una buena manera de mantener la paz con la madre de tu hijo es establecer un grupo de hombres y mujeres que te proporcionen apoyo emocional e informativo. Hay momentos en los que vas a necesitar desahogarte, y esta red puede darte una salida a toda la rabia que está hirviendo dentro de ti. También puede ponerte en contacto con otros hombres que están pasando por lo mismo que tú, y su empatía te ayudará a superar los periodos más difíciles del postdivorcio sin que se te pase la mano. Quizás quieras unirte a un grupo de apoyo para hombres divorciados o incluir a un terapeuta en tu red. La clave es no ir solo, por tu bien y por el de tu hijo.

Me doy cuenta de que todos estos consejos pueden no parecer una gran defensa cuando tu ex mujer quiere cambiar los términos del acuerdo de custodia, exige más manutención o incumple el acuerdo de que podías llevarte a tu hijo de acampada un fin de semana. Haga lo que haga, a veces se pondrá furioso. Pero si puede controlar esa furia y limitar la exposición de su ex mujer a ella, verá que su hijo y su relación con él se benefician. Estos consejos son realmente habilidades de supervivencia para padres divorciados. Puede que no eliminen algunos de los problemas postdivorcio que experimentarás, pero te permitirán a ti y a tu hijo tolerarlos con menos efectos destructivos. Puede que no parezca mucho, pero a la larga facilitará una mejor comunicación con tu ex mujer y hará más fácil que ambos toméis decisiones que beneficien a tu hijo.

. . .

Los padrastros importan

Si eres padrastro o madrastra y no un padre divorciado (por supuesto, también puedes ser ambas cosas), tienes que enfrentarte a tus propias inseguridades por convertirte en un padre "instantáneo", así como a la posible animosidad de tu hijastro hacia ti. Algunos padrastros responden a su nuevo papel siendo demasiado paternales, abrumando a los niños que no saben cómo lidiar con su intensa atención. Otros padrastros se retraen del papel de padre, temiendo no estar a la altura o evitando la hostilidad de su hijastro.

Para ayudarte a convertirte en el padrastro que el hijo de tu mujer necesita, permíteme compartir la historia de cómo un hombre manejó este nuevo papel.

Thomas es un niño de 8 años que ve a su padre aproximadamente una vez al mes. Su madre, Debbie, es el principal progenitor en su vida desde el divorcio hace 5 años. Thomas echa de menos a su padre, Charles, que se ha trasladado a unas 2 horas de distancia. Debbie conoció a un hombre maravilloso, Tim, que vive a 5 minutos de ella. En los últimos 2 años, Tim ha conocido a Thomas y ha desarrollado una relación muy fuerte con él. Tim y Debbie se han casado recientemente, y Thomas estuvo en la boda. Ahora, con las tres personas viviendo juntas y creando una nueva familia, ha habido que hacer algunos ajustes.

. . .

Thomas tiene ahora 8 años y no recuerda haber vivido nunca con su padre. Debbie tiene 35 años y le gustaría tener otro bebé antes de que se agote su reloj biológico. Tim y Thomas piensan que un bebé sería estupendo, pero también creen que deberían conocerse mejor antes de complicar aún más las cosas. Thomas quiere a Tim, pero le resulta difícil compartir a su madre todo el tiempo con su nuevo marido. Thomas siempre ha sido el hombre principal en la casa de su madre, y no le gusta verse desplazado por otro hombre. Al mismo tiempo, Thomas también anhela un padre implicado, y Debbie está deseando facilitar la relación entre Thomas y Tim.

Tim y Debbie han sido muy conscientes de cómo establecer su familia adoptiva y muy sensibles a las necesidades y preocupaciones de Thomas.

Por ejemplo, el primer encuentro entre Tim y Thomas fue en un partido de béisbol de los Dodgers. Tim condujo hasta el estadio de los Dodgers y se reunió allí con Debbie y Thomas. Tim sólo se quedó durante cuatro entradas.

Como el béisbol es el deporte favorito de Thomas, Debbie pensó que sería fácil para él conocer a Tim en este entorno. Limitar el tiempo de encuentro a cuatro entradas evitó que el encuentro fuera demasiado abrumador para Thomas. Después de ese encuentro inicial, aumentaron el tiempo que Tim y Thomas pasaban juntos en incrementos hasta que se sintieron cómodos juntos. Una vez alcanzado ese nivel de comodidad, Tim y Thomas comenzaron a hacer algunas cosas juntos sin Debbie.

. . .

Este tipo de aclimatación gradual es sólo una de las tácticas que ayudan al padrastro a asumir su nuevo papel de forma que se fomente una sólida relación padrastro-hijo. Veamos otras tácticas que deberían ser útiles en este sentido:

- *Llega a un acuerdo sobre las normas de la casa.* En otras palabras, no des la impresión de que estás dando órdenes y asumiendo el control. Tu hijastro tiene que entender que tú y su madre actuáis de común acuerdo. Cuando tengas que disciplinarle, debe reconocer que tienes todo el apoyo de su madre. Resuelve este asunto antes de casarte, porque puede ser un punto de ruptura. ¿Cómo quieres que se críe tu hijastro? ¿Cómo quiere tu nueva esposa que se eduque a su hijo?

Estas dos preguntas son la base de una unidad familiar sólida. Aunque es imposible anticiparse a todos los problemas o decisiones, puedes establecer algunas reglas básicas que cubrirán la mayoría de los problemas que surjan.

- *No permitas que tu hijo divida y conquiste.* Esto es un corolario de la táctica anterior. A los niños se les da muy bien hacer que mamá y papá adopten posiciones opuestas. Esto no es admisible en una nueva familia. La fuerza duradera de la pareja es la capacidad de estar unidos como equipo. El niño os aceptará a ti y a su madre como pareja mucho antes cuando presentéis un frente unido que cuando estéis enfrentados.

- *No minimices tu papel de padrastro.* Desde un punto de vista emocional, los chicos no discriminan entre padrastro y padre, que son etiquetas artificiales. Ser padre es ser padre.

Tu nuevo hijo se vinculará contigo en función del amor, el apoyo, el interés y la atención que le des a su vida. Por lo tanto, involúcrese. Resiste el impulso de pasar desapercibido en lo que respecta a tu hijastro, remitiendo a su "verdadero" padre, a tu mujer, a los abuelos y a otros.

Reconoce que tu papel es importante y que disminuyes esa importancia al separarte de tu hijastro.

- *Enséñale las cinco R: respeto, normas, roles, responsabilidades y expectativas realistas. Es* posible que tu nuevo hijo no te quiera al principio, pero puede aprender a ser respetuoso.

. . .

Determina con tu mujer las normas de la casa, las responsabilidades de tu hijo y las tuyas. Además, especifica tus expectativas.

¿Espera que limpie su habitación cada día? ¿Espera que asista a sus partidos de la liga infantil? Esto reducirá la decepción cuando no se cumplan las expectativas, así como las peleas y otras acciones negativas cuando se rompen las reglas o se eluden las responsabilidades porque no se han definido claramente.

- *Nunca hables mal del padre biológico de tu hijastro en público*. Puede ser que el padre biológico sea un imbécil que abusa físicamente y consume drogas. Sin embargo, no debes referirte a él como un imbécil delante de tu hijastro. Los hijos son leales a sus padres incluso cuando no hay ninguna razón racional para ello. Respeta los sentimientos de tu hijastro. Al ser una buena persona y un buen modelo a seguir, le estás transmitiendo el mensaje de que su padre biológico no es un buen modelo, pero lo haces de forma que no se enfade contigo.

- *Adora y respeta a tu nueva esposa delante de su hijo*. Es un gran alivio cuando un hijo ve a su madre en una relación cariñosa, nutritiva y solidaria. Aunque inicialmente no parezca aliviado, agradecerá tu actitud cariñosa y respetuosa. Esto es especialmente cierto si su predecesor era abusivo.

Al tratar a tu mujer con amor y respeto, también estás modelando para tu hijastro cómo se debe tratar a las mujeres, una lección que quizá no haya aprendido de su padre biológico.

Conclusiones

Como conclusión de este libro, resumiré sus principales ideas.

Muchos padres se preguntan a menudo con sus hijos "¿En qué me he equivocado?

Los padres que triunfan tienen una determinada receta para el éxito. Los padres que leen a sus hijos lo hacen muy bien, y que llevan a los niños de viaje, donde pueden pasar tiempo a solas con su hijo.

Hablé con un buen amigo que me dijo que muchos de sus mejores recuerdos eran los de su padre leyéndole y jugando con él, y llevándole de viaje donde él y él podían pasar tiempo a solas. También hizo que el aprendizaje fuera divertido para su hijo.

Conclusiones

Todo el mundo sabe que no es fácil ser un buen padre.

Pero hay principios básicos que pueden ayudar a los hombres a intentar conseguirlo.

1. DEDICAR TIEMPO A SU HIJO O HIJA

Dedicar tiempo como padre y mostrar a tus hijos lo que es importante, las cosas de la vida es una gran manera de ser un buen padre. Debe mostrar a sus hijos que sus hijos son muy importantes para usted. Un padre debe empezar a pasar tiempo con sus hijos. Cuando una madre comienza a formar un vínculo con su hijo mientras el niño está todavía en el vientre de la madre, después de diecisiete meses después de la concepción, un bebé no nacido puede comenzar a escuchar. El bebé puede escuchar sus latidos, sentir sus patadas, hablarle y cantarle.

2. TRATAR DE EDUCAR A LOS NIÑOS CON BUENAS NORMAS O PRINCIPIOS

En los tiempos bíblicos los hombres se involucraban personalmente en la educación de sus hijos. Se animaba a los padres a pasar tiempo con los niños de forma regular, como se pone de manifiesto en la palabra bíblica.

3. LOS BUENOS PADRES SON BUENOS COMUNICADORES

Para comunicarse eficazmente con sus hijos, debe ser un oyente atento. Tienes que cultivar la capacidad de escuchar sin reaccionar de forma exagerada.

Si tus hijos creen que vas a perder los estribos rápidamente y que vas a juzgarlos, tendrán pocos incentivos para expresarte sus sentimientos internos.

Pero si les escuchas con calma, demostrarás que te interesan de verdad. A su vez, será mucho más probable que compartan con usted sus valiosos pensamientos y sentimientos.

Comparte principios bíblicos que muestran la sabiduría práctica que se encuentra en la Biblia y que ha demostrado ser beneficiosa en muchos aspectos de la vida diaria. Por ejemplo, la Biblia dice que los padres que aplican este principio bíblico son capaces de comunicarse mejor con sus hijos. Escuche con calma a sus hijos y no los juzgue.

4. DAR DISCIPLINA Y ELOGIOS AMOROSOS

Incluso cuando te sientas frustrado o enfadado, la disciplina que administres debe ser una expresión de preocupación amorosa por el bienestar a largo plazo de tu hijo. Incluye la corrección con consejos, la educación y el castigo cuando es necesario. Además, la disciplina es mucho más directiva cuando un padre elogia a sus hijos regularmente.

El elogio enriquece el carácter del niño. Los niños pueden florecer cuando son reconocidos y apreciados. Un padre que busca oportunidades para dar elogios ayudará a construir la confianza en sus hijos y los motivará a no abandonar el intento de hacer lo que es correcto.

5. SEGUIR LOS PRINCIPIOS BÍBLICOS

Los padres y las hijas necesitan hacer cosas exasperantes con sus hijos, para que no se depriman. A los maridos les gusta seguir siendo especiales con sus amadas esposas. Haciendo que cada una de ellas sepa individualmente que son muy amadas.

6. APLICAR LA SABIDURÍA PRÁCTICA DE DIOS

Los padres que tienen un amor sincero por Dios pueden dar a sus hijos una herencia muy preciosa: una relación íntima con su Padre celestial. Después de décadas de duro trabajo criando a seis hijos, muchas personas han agradecido a sus padres por haberlos educado en los caminos del Señor. Es obvio que hay más cosas en la paternidad que estos cinco puntos y que, siendo realistas, aunque te esfuerces por ser un buen padre, no vas a ser uno perfecto.

Pero en la medida en que usted aplique estos principios de una manera amorosa y equilibrada, realmente podrá ser un buen padre.

www.ingramcontent.com/pod-product-compliance
Lightning Source LLC
Chambersburg PA
CBHW072019070526
44583CB00015B/1551